殺数《さつすう》

天とのつながりを
解き明かした
運命を変える数字

福富かのん

徳間書店

まえがき

人類は今、奇跡を必要としている!

先行き不安な人々の心の閉塞感、恐怖を和らげ、希望を持てる生きる力を授けたい。

数には、人智を超えたその力があります。

数は、万物を支える宇宙創造主の暗号コードです。


香港にブルース・リーの銅像があり、銅像の下には、

『考えるな、感じろ』

という言葉が刻まれています。

現代人は得てして頭でっかちに考えることばかりして、本来の宇宙の力を感じる能力を退化させてしまったのかもしれません。

その退化してしまった力を、「天恵の数」が補ってくれます。

人間はこの世に生まれた瞬間から、その時間と場所による影響を受け続けます。

あらゆる生き物は宇宙の摂理の下で生かされているのですが、刻々変化する流れの中で、どのように行動し考えていくかを解き明かすのが、宇宙からの「天恵数理」。

そして変化を知るために最もわかりやすいのが数なのです。


数は、私たちの生活になくてはならないものでありながら、根底に宇宙創造にも通じる深遠な真理が隠されています。

運命を論じるならば、数の研究を避けては通れません。

この本で、「天恵数理」の「殺数」の極意と簡単に運命転換できる方法をご紹介します。

ぜひ数に隠された不思議な力、人生との関わりを理解され、人生をもっと謳歌するための参考にしていただきたいと思います。


数は宇宙の法則であり、私たちの存在のプログラムコードに秘められた「殺数」を見過ごして生きることは、自分を剋《こく》することにつながります。

私たちはこの世で楽しみの経験を積み、魂の成長をさせるために生を授かりました。

決して、苦しみや憎しみ、戦いのために生まれてきたのではないのです。

この宇宙の幸せの波動、宇宙の根本の意志を受け取り、肯定して生きてください。

肯定して生きるためには、宇宙の繁栄と幸福のエネルギーのチャンネルにつながる数の力を大いに借りることです。

まずは、

「考えるな、感じろ」

この言葉の通りに、「天恵数理」の宇宙のダイナミズムを味わってみてください。

可能の扉は、叩けば開きます。

福富かのん

◆カバー絵について
〈表〉「神様のお使い『白澤《はくたく》』」
　　……万物の知識に精通する魔除けの聖獣
〈裏〉「どんな願いも叶えてくれる財神『貔貅《ひきゅう》』」
住吉香南・作

〜〜〜〜〜〜〜〜〜〜〜〜〜〜〜〜〜〜〜〜〜〜〜〜〜〜〜〜〜〜〜〜〜〜〜〜〜〜〜

表で厄除け、裏で繁栄のパワーを授かります。
陰陽の創造の力も込められています。

〜〜〜〜〜〜〜〜〜〜〜〜〜〜〜〜〜〜〜〜〜〜〜〜〜〜〜〜〜〜〜〜〜〜〜〜〜〜〜

◆表紙図版について
　表紙（カバーの下）に描かれた三角形とループの図形は、宇宙のエネルギーを取り込み、体と精神をリフレッシュさせます。
（この図版の活用方法は、袋とじページでも案内している著者サイトをご覧ください）

殺数　もくじ

第4章

数のパワーを知る人々

第8章 「殺数」のメソッド 127

カバーデザイン　三瓶可南子
本文デザイン　浅田恵理子
校正　南瓜堂

第１章 数とつながる宇宙の真理

偉人からつながる奇跡の法則

古代ギリシャの哲学者、ピタゴラス曰く、

『万物の根源は、数である』

ピタゴラスは紀元前６世紀に、あらゆる事象には数が内在していること、そして宇宙のすべては人間の主観ではなく数の法則に従うものであり、数字と計算によって解明できる
という思想を確立しました。

実に、２６００年前のことです。

彼は数学の発見だけでなく、音楽の和音の構成から自然界の動植物に見られる黄金比、

さらに惑星の軌道まで、多くの現象に数の法則の裏付けがあることに気がついたのです。

人類は今、新型コロナウイルスによるパンデミック（感染爆発）の洗礼を受け、新時代への移行を余儀なくされる荒波の中にあります。このコロナは、「５６７」と、数で置き換えられる宇宙のコードでもあります。

地球規模で起こっている大事件に、付け焼き刃の人間の考えたメソッドでは到底焼け石に水です。

もっと壮大な、根本的な宇宙の力を借りなければいけません。

奇跡を巻き起こさなければならないのです！

それには、人間誰もができる、民族や年齢、宗教、生まれも育ちも関係ない平等な宇宙の愛の力しかありません。

その一番ブレずにわかりやすい法則が、数なのです。

数は世界の共通言語でもあります。

数に囲まれて生きている私たち

私たちは「オギャー！」とこの世に生を受けた時から、誕生日の数字が一生つきまとうように、数に囲まれて生きています。

親や家族につけられた名前も漢字の画数という数が関係しています。もちろん、育てられる家の住所もまた数字で表されます。

その後も、電話番号、銀行口座や健康保険証、運転免許証の番号まで、自分で意識していなくとも、毎日の生活の重要なところにはすべて数が関係して、過ごしてきているわけです。

その数が、あなたの人生をコントロールしているとしたら！

そして、その中に、あなたを幸福に導いてくれる数と、使っていると不幸を引き寄せてしまう、文字通り運を殺してしまう数とがあるとしたら……。

実は、私たちが普段使っている数の中には、トラブルばかり引きつけてしまう「殺数《さっすう》」というものがあります。

中には、日頃使っている重要な数字の半分が「殺数」という人もいて、それを知らずにトラブルのきっかけとなる地雷を踏んで日々を生きていることもあるのです。

宇宙の成り立ちと人間の正体

数の詳しい話に入る前に、そもそもこの世の中はどうなっているのか？　人間の正体とは何か、ということを考えてみましょう。

このような問いに、答えられる人はほとんどいないでしょうし、多くの人は、そんなことは考えてみたこともないかもしれません。

しかし、それでは、生きていく上で一番大事な答えを知らずに、まさに暗闇を手探りで毎日歩いている状態だといえます。これでは、勢い任せに走っても、あっちにぶつかり、こっちにぶつかりと、人生が傷だらけ血まみれになって当然です。

よりよい生き方を手にするために、まず、私たちが存在しているこの宇宙が、「意志を持ったエネルギー体」であるということを知ってください。

この「意志を持った」というところが重要です。

すべて現在の科学で解明されたことではありませんが、今、科学者の間で宇宙は量子でできているのではないかと考えられています。量子力学の解明が進むにつれ、物質の一番小さな単位である量子（細胞を作っている分子の大本となっているのが原子で、その原子より小さい単位）から、この世界を解き明かそうとしているのですが、面白いことに、この量子は観察者に見られると、その動きが変わってしまうのです。量子はまるで意志を持っているかのようなのです。


ですから、まず宇宙の法則、宇宙の意志を知ることが重要になってくるわけです。

宇宙の法則を司る宇宙システムに乗れば、難なくスムーズに繁栄の宇宙エネルギーを得ることができ、反対に逆らえば、〝違うぞ〟というお灸《きゅう》を据《す》えられる、ただそれだけの至ってシンプルなシステムです。

そのお灸は、この宇宙の法則をわかってもらいたい、気づかせたいというものなので、人間にとっては毎日の生活での不幸や苦労といった現象で現れます。

ここで誤解してほしくないのは、宇宙の創造主の意志というものは、何も人間を苦しめるためにあるのではないということです。

宇宙の法則の秩序を知り、宇宙の繁栄のエネルギーを享受するための方法を気づかせる愛のムチであり、成長システムとも言えるでしょう。

そして人間とは、肉体という重い器の中に、宇宙の創造主とつながった魂を入れたエネルギー体です。そのようにして、私たち人間は生かされているのです。

人生を導く運の正体とは？

人間とは、エネルギー体。それも、宇宙の創造主とつながったエネルギー体だということ、これが出発点です。

神道の教えに、人は「神の分け御魂《みたま》」という教えがあります。

ちょうど、宇宙の創造主を中央にある巨大なスーパーコンピューターだとすれば、私たち一人ひとりはその中央の巨大コンピューターにつながった端末と言えばイメージしやすいでしょう。

私たちの頭からは霊糸線というものが出ていて、中央の巨大コンピューターとつながっているのですが、この線が切れた時が死亡ということです。不思議なもので、人間は死の瞬間、脳がスパークしたように光って霊糸線が切れて死を迎えるのです。

ですから、私たちの毎日の行いは刻々と、隠したくてもごまかしたくても正直に「デイリーリポート」として、宇宙中央の巨大コンピューターの記憶サーバーであるアカシックレコードに残されます。

＊アカシックレコード……元始からのすべての事象、想念、感情が記録されているという世界記憶の概念で、アーカーシャあるいはアストラル光に過去のあらゆる出来事の痕跡が永久に刻まれているという考えに基づいている。宇宙誕生以来のすべての存在について、あらゆる情報がたくわえられているという記録層を意味することが多い。（ウィキペディアより）

今、インターネットの世界でもクラウドサービスが拡大しています。それぞれの人が自分のパソコンにデータやアプリを持っておくのではなく、中央データシステムとなるクラウドシステムに情報をまとめて上げておき、各人は簡単な端末さえあればそこにアクセスしてデータなどを共有できるというものですが、これはまさに人間と宇宙がつながった「宇宙クラウドシステム」の発想そのものとも見えます。

ですから、安土桃山《あづちももやま》時代の大泥棒・石川五右衛門は、南禅寺山門の「絶景かな、絶景かな……」の名台詞で知られるように、向かうところ敵なしで天下を盗みとってしまうほどの勢いでしたが、宇宙クラウドシステムで、天はすべてお見通しだったのです。それどころか、その行いも評価され、最終的には釜茹《かまゆ》での刑に処せられてしまったのです。

数で現実が操られている真理

私たちは、一人ではありません。まず自分を産んでくれた親がいて、家族がいて、友だちや同僚がいて、住む家があり暮らしている地域があり、国があり地球があります。そしてその地球は太陽系という惑星グループにあり、その太陽系はもっと大きな宇宙の中にあります。

そう、外に目を向ければ、私たちはどんどん大きな集合体に属していることになるのですが、それらすべてがインターネットのようにつながっているのです。

その中で、あなた個人を特定するのは、その宇宙の番地に当たるコード数となります。

そうです。**あなたはエネルギー体であり、数でプログラムされ識別された、宇宙で唯一の存在**なのです。


このことは、映画『マトリックス』をご覧になると、感覚的にわかっていただけるのではないでしょうか。

この映画では、この世すべての存在と現象は、画面に流れるように映し出される緑色の数字によって、コンピューターにプログラムされた仮想現実だという設定でした。

そこでは、緑色のプログラムコードを操作して変えることで、実際に必要な武器を調達したり逃げ場を作ったりと、仮想現実の世界を変化させていました。

これと同じことが、あなたに起こるのです。

その鍵となるのが、あなたのプログラムコードの中にある「殺数」です。

宇宙の真理、宇宙の法則に気づいて活かすことができるか——。

それが、この世に生を授かり生かされているミッションともいえましょう。

師匠直伝の「天恵数理」

私がこの偉大な宇宙の力、宇宙の法則について学んだのは、総合易学を究めた師匠からです。

また、師匠とともに、戦後の焼け野原から日本を再起再生させるため各界の重要人物を陰で支えていた、いわゆる能力者といわれる重鎮の方々も、私の師でした（なぜ私が後継に選ばれたのか、その後の紆余曲折《うよきょくせつ》については後述します）。

師匠は表には一切出ず、名刺も持たない人でしたが、その怖いほど言い当てる力を知って、師匠を訪ねてくる各界の大物は引きも切らなかったようです。当時、著書など出されて政治家などの指南役をされていたと知られる安岡正篤さんも、師匠のお仲間の一人です。

その師匠の教えの根幹が、「天恵数理」というものです。

世界で唯一、他にはありません。

「天恵数理」とは、人智の及ばない宇宙の創造主のレベルからの直接のインスピレーションと導きが、数という形に凝縮されています。私が師匠の下で修行していた時も、宇宙からのインスピレーションを師匠は数で降ろしていました。

宇宙の高次元の原理を、この地球の３次元の世界にわかりやすく降ろした数の奥義とでもいうものでしょうか。

世の中には、人の運勢を鑑る「姓名判断」や「四柱推命」、「風水」など、さまざまな鑑定法がありますが、それらもすべて数で表し、読み解きます。「易学」の元となる暦も数そのものです。

皇室の行事を行う日程から、一般の人の結婚、引っ越しや開業などの事始めに至るまで、吉日を選ぶのも数が関係しています。実は運勢を良い方向に導くために、私たちは既に数の力を使っているのです。

そのなかでも、「天恵数理」は、宇宙の創造道理、数の理《ことわり》を教えるものです。

人間が作ったものではなく、宇宙からのダイレクトな導きといえます。

完璧な存在でないからこそ「殺数」がある

私たち人間は、この世に生を受けた誕生日から、一人ひとりが違った天恵数理のプログラムによって生かされています。

しかし、私たち人間は神ではないので、１００％完璧な存在にはなり得ません。ですから人間で生まれてきた以上、必ずその天恵数理プログラムの中に、不完全な部分（バグ）があります。そのプログラムのバグの部分が、一人ひとり違う人生のトラブル、苦労を発生させてしまうのです。

この天恵数理プログラムのバグこそが、「殺数」です。

「殺数」とは文字通り、あなたの運を殺す数です。

同じような言葉で、易学では、「天中殺」とか「殺がかかる」という言い方があります。

また、神社で掲げられている「厄年」は、男性と女性別で、エネルギーが弱くなりがちな年齢を厄年としてお知らせしているものです。

「殺数」はもっと深く個人に焦点を当てた、一人ひとり違う人生プログラムの中にある厄数だと考えてください。

闇を祓い、運命を変える秘密

私たちの人生は、山あり谷あり。

一生を通して、何の苦労もない幸せな毎日が送れれば、こんなに幸せなことはありませんが、人間として生まれてきた以上、必ず天から与えられた人生のプログラムにバグ（「殺数」）が入っています。そのバグによって、一生懸命頑張っているのに努力が報われなかったり、わけもなく辛い経験を強いられたり、時代によっては災害や戦争まで経験することになります。

人生の不幸の原因は、その人が持って生まれてきた「殺数」を知らずに、日々多用してしまうことにあります。

すなわち、自分の運を殺し、辛い人生に貶《おとし》める「殺数」を知らずに生きていると、不幸を呼び込むような地雷を踏んで、もって生まれた生命エネルギーを早く枯渇させてしまうことになります。すると、繁栄のマインドに到達することができず、トラブルを人のせいにしたり相手を憎んだりして、ますます不幸のドツボにはまっていってしまいます。

この「殺数」の威力は、経済面にも強く現れます。

いくら頑張っても、お金がたまらない。負債を背負い込むことになったり、騙《だま》されたり、お金の苦労が絶え間なく矢のように襲ってきます。

お金もエネルギーなので、エネルギーをだだ漏れさせ枯渇させるような生き方をしていては、生活が困窮するに決まっています。

中には、その方は悪くないにもかかわらず、トラブルや災難に遭って、お金の問題がつきまとってしまうケースもあります。

ここが理不尽なところでもあります。

善人でも、心が綺麗な人でも、「殺数」の負のパワーを受けるとお金で苦労して、まさに「貧すれば鈍する」の境地にまで落ちてしまうのです。

運が良い人と悪い人の違い

私が今までの鑑定を通して明らかになったことですが、生まれながらの能力や才能が同じように思える人でも、数の偉大な運命誘導力に気づいてうまく活用していく人と、それがわからずに殺のかかった数の地雷を踏みまくって生きている人とでは、実生活で幸福と不幸の真っ二つに分かれてしまうということです。

家庭の内情、仕事の繁盛、資産から外見まで、天と地ほどの差がつきます。

運が良い人は、直感で真理を見抜き、素直にすぐに実行します。そして状況が好転した後に、感謝を忘れません。ですから、見えない高次元の助けをさらに受け取ることができ、ますます成長ができるのです。

一方、どんどん運を落とす人は、人生が良くなる方法を教えられても、そもそも直感の胆力が育っていないためそれを取り入れず、わざわざ運を落とすほうを選択してしまうということです。

一般の人の中には開運法を馬鹿にする人もいます。そして何かお願いしたい時だけ、自分の都合で神頼みをするのです。しかし、神様はすべてお見通しです。

また決定的な違いは、運の無い人は、まずやらなかったり行動しない理由を探し、ひどい場合は他人の足まで引っ張ります。その結果、失敗をしたり損をするので不平不満は絶えず、責任転嫁や現実逃避といったネガティブな行為の連鎖に陥ります。

そうなると、いつまでたっても運命を変える方法がわからないので、永遠に負のスパイラルをたどってしまうことになります。

相対的に人徳に欠け、ずるい人はこの負の連鎖で自滅していきます。

逆に、この人はこれから出世するなと感じた人は、次のような対応でした。

その方はある企業の経営者でしたが、対面で鑑定していた私の顔が一瞬、翳《かげ》ったのを見逃しませんでした。

「先生、悪いことでも遠慮せずに何でも教えてください。

私は今日、それを聞くために、トラブルを未然に防ぐために、ここに来たのですから」

とおっしゃいました。

そうなんです。凡人は、嫌なことは聞きたくないと避けて、何もしないものですが、先見性のある伸びていく人は、リスクマネジメントの重大さをしっかりおわかりなのです。しなくて良い苦労は未然に防いで、人生をプラスに導くことに時間を費やす。

正に、私が今回公開した「殺数」の極意を、言われなくとも体得されているのです。

その方には、もちろん「殺数」のノウハウをお教えし、海外に進出する際の注意点や最適な時期、災厄を避け繁栄していく方法をお教えしました。

すると、後日、

「先生のアドバイスに従って行動し、殺数の効果を実感しています。心配だった海外でも有力な協力者とつながることができました。通りを歩いていても、パワーをいただいているように感じます」

と感謝の言葉をいただきました。

「天恵数理」にご縁付き、「殺数」の教えを素直に実践した方は、早い方だと1か月たたずに人相と手相が良くなり、運勢が好転していきます。

運勢が良くなると、それはっきりと手相や人相にも表れてきます。子供の場合は大人よりも素直で正直ですから、もっと早く2週間で手相にいわゆるラッキー線が出た子もいます。そして外見も、顔立ちがハツラツと締まり、表情が明るくなり、女性の方ならファンデーションの色がワントーン明るい色になったと、ご報告いただいています。

「殺数」による闇のエネルギーが、その方から除かれたせいです。

「殺数」を知り、厄災を除くことで、エネルギーのバロメーターであるオーラが明るく輝いてくるからです。

「殺数」を知らずに使ってしまうと、天恵の御加護や繁栄の光のエネルギーも自分で断ち切ってしまうことになります。

この人生を変える極意を知れば、もう、いてもたってもいられなくなるでしょう。

運命は「殺数」により変えられる

よく、宿命は変えられないが運命は変えられるといいます。

その通りなのですが、日本人の中には、運命も変えることができないと思っている方が8割もいるそうです。これは驚くべき残念な数字です。

もしそうだとすると、生まれながらにすべて決まってしまっているので、それから先の生きる希望も目標もあったものではありません。

日本人は性格的に優しくて気が利きますが、どうしても細かいことが気になったり心配しすぎて、ネガティブ発想になってしまう傾向が強いと、ＤＮＡ遺伝子のレベルからの説明を聞いたことがあります。だとすると、それはとんでもなく人生で大損をしていることになります。

運は変えられないものと諦め、失敗を怖れ能力をうまく発揮できなければ、宝の持ち腐れになってしまいます。

運命を変える方法はあるのです。

それも、本書でお教えするこの「殺数」は、「世界一簡単な運命誘導法」と言えます。

実際、この方法を実践している方は、「不思議だけど、良い方向に物事が進んでいるのがわかる」とか、「意識していなかったのに良縁がつながり、何をするにも楽だ」などとおっしゃいます。一度、「殺数」のすごさを知ると、もう離れられないというくらいなのです。

私がお伝えする「天恵数理」の教えを信頼し、学びに来てくださる方の中には、特別な能力を持った方もいます。私は見えないのですが、人の寿命が見える方がいらっしゃいました。

映画やドラマにもなった漫画『DEATH NOTE（デスノート）』のように、皆さんの頭の上に、寿命が数字となって出ているのだそうです。

ただ漫画と違っているのは、その寿命は3つあり、その人の現世の生き様によって、3つの寿命のうちのどれかを選ぶことになるというのです。つまり、最初にセッティングされた寿命は、途中で変更可能のようなのです。

例えばその人の寿命が、A40代、B60代、C80代の3通りあったとします。

そして、「殺数」の作用や、その人の善悪の生き様、想念の使い方によって、もって生まれた生命エネルギーの総量をいつ枯渇させてしまうことになるのかが変わり、それで、Aコース、Bコース、Cコースの寿命を自ら選択しているということです。

私の師匠は、経営の神様と呼ばれた松下電器（現パナソニック）創業者の松下幸之助氏を鑑定し、お付き合いもしていました。もちろん公にはしていないことで、師匠の死後30年たったら公表してよろしい、と言われていましたのでお話させていただきます。

実は、松下幸之助氏は、ご自身の著書にも書かれていますが、子供の頃から病弱で生命エネルギーも元々あまり強い方ではなかったそうです。

それなのに、94歳になるまで長生きされ、なぜ偉業を成し遂げることができたのでしょうか。

その一つは、ご自分の体の無理が利かなかったからこそ、目に見えない天恵の運の法則を自ら求め実践されたということです。

松下幸之助氏は、

「人生、運が9割。

運の無い者は頭が良くてもダメ！」

と言い切っておられます。

見えない世界を受け入れる

ここで興味深い秘密をお伝えしましょう。

私が本格的に人様を鑑定するようになったのは、7年前からです。

その間の経緯は後述しますが、鑑定を始めた頃は、今のようにネットで情報を公開するようなこともなく、身内から知人、そして知人から口コミでつながった方だけが私の元に訪ねて来られました。

不思議なことに、相談者は前述の方を含め、特殊な能力をもったプロの先生方が多かったのです。スピリチュアルの指導者、占い師から、気功の先生まで、専門は多岐にわたりました。

人により、天賦の才能もできる能力も違います。

ある先生は人のオーラが見えて病気の箇所を言い当てたりします。降霊術で先祖を呼び出したり、未来を見ることができたり、神々からのメッセージをリーディングで受け取ることができる方や、憑依《ひょうい》している悪霊や生霊が見える方もいました。もう、その能力も千差万別です。

中には、自分の能力の制御がうまくいかずに、渋谷のスクランブル交差点に行くと、歩く人と同じ数の霊が見えるという霊能者の方もいらっしゃいました。交差点を横断する人の半分近くが、ビルの壁を通り抜けて消えるというのですから、驚きです。

私にはこのような霊は見えません。しかし、好むと好まざるとにかかわらず、見えてしまう霊能者の方はいらっしゃるのです。

見える見えないが問題ではありません。自分には見えないからといって、見えない世界を頭ごなしに否定しないでいただきたいのです。

見えない世界が、見える世界を操っている。

この真理を直感で見抜き実行した人が、実は天の運をも味方につけ、天下をも取る成功者に名を連ねてきているのです。

第2章 「殺数」との出会い

師匠との出会い

たった一人の人物との出会いで、人生は変わります。私も、そのことを思い知らされた一人です。

あれはもう38年前になります。一人の御老人が、私の実家を訪ねてきました。

私の父に用があり訪問されたその方を、玄関でお迎えしたのが私でした。

その御老人は、私を見るなり、

「あなたは六白（金星）の生まれだね」

と、私の九星の生まれ星を言い当てたのです。そして、

「非の打ちどころのない人相だ」

「六白生まれは、神仏のご縁が一番高い」

「あなたは、特別なお役を持って生まれてきている」

と不思議なことを語り、それ以降、この御老人は足繁く家に来ては、世の中はこうなるなどと私に話を聞かせたり、易学の本を持ってきては、

「あなたには選ばれた素質がある。観音様のご縁がある（他の霊能者の方からも、私は観音様の生まれ変わりと言われたことがあります）。

世の中には、神通力を得るために、神仏の厳しい修行を積む者が多いが、それでも素質のない者は得られない。あなたはそこまでしなくても、天性の素質が眠っている。

この本は役に立つから、次回までに読んでおきなさい」

と、その都度、極太の万年筆で独自のアドバイスと修正が書き込んであるさまざまな種類の「天恵数理」と総合易学書を渡されました。

最初は難しそうでちょっと面倒くさいなと、厄介事ぐらいにしか思っていなかったのですが、御老人が予言のように話していた次期政権の行方やニュースがそのまま当たり、その不思議さに惹かれていきました。私は当時、就職したばかりだったのですが、気がつい

たらご老人から渡された本を会社の休み時間でも読むようになっていました。

そして読めば読むほど、なぜか面白く引き込まれる何かを感じていました。


また、こんなこともありました。

友人と女二人で、アメリカ旅行に行くと師匠に話すと、

「あなたは大丈夫だが、お友達は帰国後、消化器官を患うよ」と言うのです。

私は初めての海外旅行に行きたい一心でしたから、余計な心配をかけないように友人には黙って、10日間のアメリカ西海岸旅行に出かけました。そして無事に帰ってきたのですが、帰国後、その友人は、4日ほど会社を休んでしまったのです。後で休みの原因を聞いたら、胃腸が痛くて寝込んでいたと言うのです。

これには、驚きました！

どうして胃腸の病気など、その原因もピンポイントでわかったのだろう。旅行中、彼女は私と同じ物を食べていたので、食中毒とか変な食べ物を食べたことが原因だったら、私も大変な腹痛を起こしていたはずです。

その腹痛を起こした根本の原因は、物によるものではなく、目に見えないなにか別の理

由があったのかもしれない。何となく、感覚で、世の中には人の力ではどうしようもない見えない力が働いているのかな、と興味を持つようになったのです。

両親もその御老人を信じて尊敬さえしていましたので、自然に私への教授と修行が暗黙の了解で始まったという感じです。


実を言うと、私の師匠は一人ではありません。

最初私に会うなり「あなたは六白の生まれだね」とズバリ言い当てた一人目の師匠は、その人を見るなり数が浮かんで見えるという能力の持ち主でした。生年月日を知らなくとも、ズバリ言い当てていました。上から降りたその数の意味を、読み解いたのです。

まさに天恵から授かった数。だから、「天恵数理」と名付けたのです。

その師匠の教えは、「四柱推命」から「姓名判断」「方位気学」そして「風水」まで、易学の総合デパートのようなラインアップでした。なかでも、他のどこにもない聞いたこともなかった「天恵数理」には、特別な魅力を感じました。

「天恵」というところに意味があります。文字からして天からの恵みの数の理《ことわり》。人間が作ったものではないということです。

師匠がよく言っていたのが、

「自然や万物の存在すべてが、数によって操られている。人の人生も然《しか》りなんだよ」

という言葉です。

ただ、その当時の私は、人の人生が数字でコントロールされているなんてまだまだ信じられず、ただ軽く受身で聞いているだけでした。

それでも週末になると、「あそこの神社に行って修行してきなさい」「この能力者に会って、話を聞いてきなさい。もう段取りはついているから」などと、師匠に言われるまま、修行の日々を過ごしました。


当時は折しもあの狂乱のバブル時代に突入する時。今と比べると遊びもファッションも華やかで、外資系企業に勤めていた私も、青春を人並みに謳歌《おうか》していました。冬には、仲間と車で解禁一番乗りのゲレンデに直行してスキーを楽しんだり、有名なマハラジャなどの巨大ディスコに2時間待って入ったり。今では信じられないかもしれませんが、多くの人々がバブルに酔いしれていた時代です。

私が師匠から学んでいたのはそんな頃でしたから、「どうして私が、こんなに難しいことを強制されてやらなければいけないんだろう。せっかくの休日を、キツい神仏の修行や勉強などに当てるのは嫌だ」という思いも湧いてきました。神殿の中で長時間正座して、すぐに立てずに、ひっくり返って大恥をかいたこともありました。

私には向いていない……。

特に、その頃は独身時代しか自由に遊べないと思っていたこともあって、20代の限られた日々を、辛い修行に当てたくないという気持ちが強くなってしまったのです。ですから、師匠から貴重な学びを与えられても、感謝の念など起こりようもありませんでした。

師匠があまりにすごい存在なので……

私にとって師匠は、杖をついて歩く、ちょうど『スター・ウォーズ』のヨーダのような存在で、いつも馴《な》れ馴《な》れしく「おじいちゃん」などと呼んでいました。しかし、師匠はすごい人なんだと気づかされます。

あるとき、師匠に呼び出され同行した会場には、頭髪が真っ白だったり薄くなっているご老人が20人ほど座っていました。どこの老人ホームかと思えるような光景でしたが、それがとんでもない。

私でも、アッ、あの方だ！　と、わかる人たちが、師匠が立っている正面壇上に向かって座り、師匠が話す森羅万象に関わる壮大な宇宙の法則、宇宙の意志について真剣に聞き入っているのです。

講演が終了し、参加者がお帰りになる際に改めてお顔を見ると、政財界の大物ばかりで、私は体に稲妻が走るほど驚き、足が動かなくなったのを覚えています。

それまで師匠からはこのよう方々とお付き合いがあると聞いたことがなかったので、トップにいる方々が師匠のことを先生と言って敬っていたのを見て、私はこれまでとんでもないことをしでかしていたんだ、と逆に焦りを感じました。

それからです。

こんなすごい存在の師匠に、私を後継者として育てると言われても困る。後継者は、他にもっとふさわしい人がいるはずだ。私には無理……。

逃げ出したい。修行と学びを、辞めたい……。

そして、どうしたら、辞められるか……。そんなことばかり考えるようになり、最後に、私の稚拙な頭で絞り出した精一杯の答えが、「結婚」を持ち出すことだったのです。

それも、もう止められないように、結婚が決まり、式の一週間前になってから師匠に打ち明けたのでした。


その時の師匠の顔が、忘れられません。

「どうしても、この時期に結婚するのか!?」

と聞かれ、この時の私は自分の置かれた場から離れたい一心で、

「既に結婚式まで一週間なので、もう変えられません」

と申し上げました。

すると、師匠はしばらく目をつぶり眉をしかめながら、

「自分で決めたのなら仕方ない。しかし、この時期に結婚するのは、あまり良い時ではないのだ。この後20年間苦労することになるぞ」

と言われたのです。

苦労に見舞われた20年

今から思えば、このような珠玉の天恵の教えから逃げた私は、何と愚かだったことか。後悔してもしきれません。

私は、女の一番良い30歳から40歳前後の時間を、無為に費やしてしまったのです。

しかし、師匠はそれすらもわかっていたのでしょう。

「後で、わかる」と、最後に言われた一言が、ずっと刺さっていたからです。

私は後ろめたさもあり、その言葉の意味を聞き返すことも、それ以降、師匠に会うこともなくなりました。師匠もわかってか、私の家に来なくなりました。

それから私は予定通りに結婚し、新生活に入ったのですが、それからの20年間は師匠の予言通り、艱難《かんなん》辛苦の日々を送ることになります。

師匠から言われた予言は気になっていましたが、そんなこと言われても何とかなるだろう、と高をくくっていたところもあったのです。

それからの20年間、私も人一倍注意をして一所懸命生きてきました。自分で気をつけていれば大丈夫と、甘く考えていましたが……、それから信じられない不幸が立て続けに起こりました。

両親が病に倒れ、人工透析を受けることになり、その後は認知症となって介護に追われました。その両親が他界して相続の処理をしていたら、騙されて負債を被ることになったり、泥棒にも入られました。災害で被害を受けた箇所がちょうど保険から抜け落ちていて、全額自腹での負担を余儀なくされたり、仕事の人間関係でもいじめにあい、主人の励ましがなければ耐えられなかったことでしょう。

そして何より、長年子供が授からなかったことが精神的にも金銭的にも大きな負担になりました。子供が授からない嫁という立場は私に重くのしかかり、不妊治療を受けたのですが、費用は高額で、当時は予約を取るにも３か月待ち。また、その処置も身を引き裂かれるほど痛くて、さまざまな方法を試してみてもうまくいかず、負担ばかりでもうすべての希望が遠のいて、自暴自棄といえるような日々でした。もう、離婚するしかない、というところまで追い詰められて、夜は人知れず泣いて枕を濡らしていました。

どうして、こうなってしまったのか。

実は結婚の時、すぐに新婚旅行に出かけ、自分の花嫁支度の家財は引越し業者に頼んで、新居にセッティングしてもらうようにしていたのです。

そうしたら、入れたはずの場所に、師匠から受け取った総合易学の奥義書がないのです。何と、私は大切な奥義書をなくしてしまったのです。

ですから私は、自分に降りかかる災難の数々を防ぐことも予見することもできなくなってしまっていたのです。

師匠は、私が師匠の下を去ってから一年程で他界されていました。師匠から私に連絡をくれなくなったのも、ご自身の寿命や成り行きもわかっての断腸の思いの行動だったのでしょう。しばらくしてから両親から師匠が他界されたことを聞き、もう絶望と申し訳ない気持ちで立ち上がれませんでした。あれだけ私に与えてくれた師匠に、お別れの言葉も言えなかったのです。

私も辛い日々を過ごす中で、土下座して謝ってでも、師匠にすがりたかったです。しかし、頼みの綱はもういらっしゃらないのです。おまけに奥義書をなくしてしまったので、もう万事休すといった状態になってしまったのです。

この苦しみから逃れるため、何でも良いから何かにすがりたいと、あちこちの占い師や霊能者のところにも行きました。だから、今、藁をもつかみたいと困っている人の気持ちは良くわかります。

師匠から逃げたあの時から20年、私は暗闇をあっちにぶつかり、こっちにぶつかりの人生でした。

そして、もう望みはないのかと諦めていたある日、奥義書が出てきたのです。「アレッ、ここも隈なく探したはずだよね」と思っていたクローゼットの中からです。実に予言された通りの20年目のことです。

ゾクっともしましたが、その瞬間に、「やっとお許しが出た。ごめんなさい」と心から叫び、感謝と嬉しさで奥義書を抱きしめて、その場で号泣してしまいました。

それからというもの、私は感謝と歓びのエネルギーについて、一から学び直しました。

私自身が奥義実践の第一号

「殺数」の奥義が何をもたらすか、その実践第一号は私自身となりました。奥義書にある方法を、すべて実践していったのです。

それからというもの、やることなすこと良いご縁と助け、そしてタイミングに恵まれるように変わりました。

新たな師匠との出会いもありました。書道界の泰斗と知られた河野斗南です。大正3年生まれの師匠は、幼い頃から書を能《よ》くし、書と篆刻《てんこく》を清朝最後の皇帝・満州国皇帝の師であった金台錫先生に学び、中国の正統書法および篆刻の奥義を究められました。印鑑の文字として知られる篆書は秦の始皇帝が公印に使用するようになり、その後の皇帝にも引き継がれてきたように、宇宙の力を印鑑の中に凝縮したようなものです。師匠は運命学、総合易学などでも研鑽《けんさん》を積まれ、師匠の篆刻は朝日新聞社社印をはじめ、吉田茂元首相、徳川旧公爵、松平旧子爵、三井家など、錚々《そうそう》たる政財界人の印刻に残されているそうです。

皇室に作品を献上する書道家でもあった師匠とのご縁から、私も書道家として認められるようになり、普通お会いできないような世界的ＶＩＰの方々とお会いできるまでになりました。不動産に関わる資格も取得して経済的にも精神的にも、かつてと比べ物にならないほど幸せになりました。さらに念願だった子供も授かることができました。そして自分が幸運になると、周りの家族にもその幸運は伝播《でんぱ》していくことが目に見えてわかりました。

30年ほど前、政財界などで確固たる地位を築いてきた方々、時代の寵児《ちょうじ》と呼ばれ先頭に立って時代を切り開いてきた人達が実践していた「殺数」の恐ろしいまでの現象化のパワーを、身をもって経験したのです。

気がつくと、私の手相は変わっていました。強運の手相と呼ばれる「マスかけ線」「三奇紋（覇王線とも呼ばれ、天下取りの相と言われている）」「ソロモン線」「スター」「神秘十字」、そして「生命線」も目一杯長く、すべて私の手に現れました。

手相は、人に与えられた予知装置でもあります。

数のパワーが天に届き、私自身の体の細胞一つ一つに力を与えてくださった、そのような感じを受けています。

私に知らしめるための天上ミッション

今から思うと天は私に、

「可愛い子には旅をさせよ」とか、「獅子は我が子を千尋《せんじん》の谷に落とす」をされたのか、とも感じています。

もし、一人目の師匠からの学びから逃げた後、師匠の予言通りトラブルまみれの辛く苦しい人生を20年間も味わうことがなければ、「天恵数理」の威力を心底理解し、心から反省して自ら猛勉強することはなかったでしょう。

20年という月日で「殺」が分散されたせいか、命まで取られないだけ私はまだラッキーでした。昭和の大スターで、師匠のアドバイスに逆らい亡くなってしまった（長生きする道を捨ててしまった）方がいらっしゃいます。私は師匠がアドバイスしていたことを知っていたので、その方の訃報をテレビで知ってとてもショックを受けました。「殺数」が重なると、命に関わることがあるのです。

ですから、師匠も未来が見えていて、あえて私を無理に引き止めなかったのかもしれません。わからずやの頑固者には、自ら壁にぶつかり、本当に大切なことをわからせることが一番の妙薬だと考えたのかもしれません。

天のレッスンは、こうするとこういう結果が出るなどと、最初から教えてはくれません。多くの場合、黄金律の道に沿って歩むことが最良の道だと後でわかるのです。しかし、それが手遅れにならないよう、みなさんには「殺数」によっていち早く、開運への道を歩んでいただきたいのです。

どんなに苦しい時でも、自殺は絶対にいけません!

運が悪いと嘆くなかれ。

どうして私ばかり、こんなに不運なことが訪れるんだろう。
もう生きるのが嫌になった、などと、気が滅入り鬱《うつ》になることもあるかもしれません。
しかし、どんなに生きているのが苦しいと思っても、この世から逃れたいと思っても、決して自殺してはいけません。

このコロナ禍によって、特に女性の自殺者が急増しているそうです。若い学生の自殺も増えているといいますが、これは、由々しき問題です。

昔、師匠から自殺をした人の死後の世界の様子を聞いたことがありますが、少なくとも生前の苦しみよりはるかにキツイ責苦を受けることになるそうです。ですから、どうして私ばかりと人と比べて羨《うらや》ましがったり妬《ねた》んだり恨んだりするのはやめましょう。

そもそも、その不幸の現実を作ってしまったのは、おのれ自身だということを忘れないでください。


「神には願わず、ただ祈るのみ」


神様になんとかしてほしいと頼るだけで、自分自身で立ち向かい解決しようとしない、そんないつまでも心が荒《すさ》んで邪念で魂が曇った人を、神様はどうして助けてくれるでしょう。神仏にすがるだけ、国が助けてくれるだろうと頼りにするだけ。それは甘いというものです。

また逆に、自分ですべて背負い込んでしまい、最後のSOSを出すことさえ我慢してしまうのもいけません。手立てはあるはずです。自分で切り開いていかなければいけません。強くなることです。

そこから抜け出すために、数の力を使ってください。

パワーを受け取ってください。
そして、生きてください。活かしてください。

第3章
コロナ後の新時代は「数」がキーになる

コロナ後の新時代は「数」で管理される

この新型コロナの感染拡大を乗り切るため、社会や生活、私たちの行動など、あらゆる場面で変化が求められています。これは今だけのことではなく、アフターコロナの世界では、今までの常識や価値観が人類が経験したことがないほど激変することになるでしょう。

2020年の春、新型コロナウイルスの感染拡大が心配されていた時でも、その後ここまで社会が激変するとは多くの人が考えなかったでしょう。それが今は、何が起きても不思議ではないくらい、人々の意識は変わっています。

実は、2020年11月17日の暦の天赦日《てんしゃにち》（暦注の一つ。天がすべての罪を許すという最上の吉日）から、地球は、有史以来の劇的な波動に切り替わっています。地球のアセンション（次元上昇）という言葉を聞いたことがある方もいらっしゃるでしょう。

地球自体の波動の次元レベルが上がり、今の時点でもう地球のアセンションは完了しました。次は、地球の上で生きている私たち人間の番です。ですから、今まで体験したことのないようなことが起こり、これからも起こります。

そして、新たな常識がニュースタンダードとして成り立ちつつあります。

今の幼い子供達にとっては、マスクをして歩いている人が当たり前の姿になります。マスクをしていない人は、異常だという目で見ることになります。

経済活動でもお金のデジタル化が加速し、お金はキャッシュ（現金）からデジタル決済へ、その先のデジタル通貨へと進んでいくでしょう。確かにコロナ感染を避けるため、お店でお札やコインで支払い、お釣りを受け取るという行動は憚《はばか》られるようになっていますが、お札とコインを使えるのは今のうちだけとなります。お金のリアルな感覚も、失われていきます。

このように、政治経済社会のあらゆる場面で、これまでの常識が変わっていくのです。

その中でも一番重要なことは、個人が番号としてデジタル化され管理されることです。個人情報がデジタル上で管理されるマイナンバー制度の普及に向けて、デジタル庁が創設され推進されることになりました。


人間が、番号で管理されます。

私たち人間一人ひとりを識別するアバター（分身）が、数になるのです。

現在はまだスタートしたところですが、あと数年で住民票だけでなく、健康保険証や運転免許証も一体化され、いずれ銀行の預金残高や収入、税金の申告や年金に関する情報まで、すべて数で管理されることになるでしょう。

さらにもっと先の将来には、あなたが何者であるか、あなたの職業や社会的地位など、5つの分野に分けて点数（スコア）で評価されるようになるかもしれません（お隣の中国では既に、そのような評価制度が導入されています）。

そんな中で、もし、あなたの分身であり、あなた自身と見なされるマイナンバーがいくつもの「殺数」に支配されているとしたら……。考えただけでも、寒気がします。数が現象をコントロールするからです。

迫る二極化時代で、生き残れるか

持つものと持たざる者。

これからの時代は、一部の金持ち層と多くの貧困層へとさらにはっきり二極化されると、経済学者も警鐘をならしています。中間層に当たる人がほとんどいなくなるそうです。

また、ＡＩ（人工知能）の進歩と、高速・大容量の通信を可能とする５Ｇ通信回線の普及で、例えば車の自動運転や医療の遠隔治療が実現するほか、私たちの生活はあらゆるところで様変わりすることになります。そして今、多くの人が携わっている仕事はＡＩに取って代わられ、あと10年で半分の仕事はなくなってしまうという未来予測もあります。

その上、２０４５年には、ＡＩが人間の能力を超える「シンギュラリティ（分岐点）」が到来する、仕事の分野によっては既にＡＩが人間の能力を超えているという研究者もいます。

しかし、この未曾有《みぞう》のコロナ禍で、そのシンギュラリティの予想地点を待たずして、大規模なリストラを断行している企業も出てきています。それは景気悪化の影響だけでなく、リモートワークへと対応する中で、従来は当然のように考えられていた都心部のオフィスや経験豊富なベテラン社員、サービス業の接客担当などの価値が見直され、それらが必要ないと考えられるようになっているからです。

あなたは迫り来る次の時代でも、生き残れますか?

どうしよう、どうしようと焦るだけでは何も変わりません。自暴自棄になったり、自分を責めても仕方ありません。新型コロナも時代の激変も、あなたのせいではないのです。立ち止まって、じっとしているだけで、この状況を抜け出せる世の中ではありません。神社に足繁く詣で、神頼みとお願いばかりしているだけでは思いは叶いません。それだけで願いが叶っていたら、今頃、全員が王様、女王様です。

本来、「神には願わず、ただ祈るのみ」が神道の信条です。

ですから、数のパワーを使ってください。人間の力の域を超えた奇跡が必要なのです。奇跡を呼び寄せるには、人間が作ったメソッドでは限界があります。今回のコロナも

「567」という宇宙からの破壊と創造のミッションとするならば、宇宙発の万物をコントロールする数の力を借りるしかありません。〝数には数〟でしか効きません。数には、奇跡のエネルギーが宿っています。

日本人に欠けているリスクマネジメント

日本人は優しく真面目で勤勉で、世界からも素晴らしいと賞賛される国民です。

東日本大震災の時も、災害の混乱に乗じた強奪などはほとんどなく、多くの方がボランティアに押し寄せました。また、今回のコロナ禍でも海外のように行動を強制的に規制しなくとも、みなさんマスクをきちんと付け、自粛生活を行っています。

日本には聖徳太子の「和を以《もっ》て貴しと為《な》す」の精神が根底に息づいています。それは素晴らしい境地の国民性です。しかし、それだけに心配な面もあります。

日本は四方を海に囲まれた島国で、国境が海岸線なので、度重なる海外からの侵略を受けることなく護られてきました。

それに対して、ヨーロッパなど大陸の国々は、隣の国と陸続きですから、国境は権力すなわち武力により決められてきました。国は自分たちの力で守らなければいけないのです。

この意識の違いは、次のような点にも表れています。

例えば、世界の先進国の核シェルターの保有率を見ると、スイスやイスラエルなどは100%、ノルウェー、アメリカ、ロシア、イギリスなど他の先進国も当たり前のように80%前後と比率が高いのですが、日本の場合はわずか0・02%にすぎません。

日本には今でも、海外から攻撃されてもなんとかなるだろう、というような「神風」伝説のようなものがあります。危機に直面したらどうするかというリスクマネジメントの感覚が甘く、事前に手段を講じることが苦手だといえます。世界から、甘い人たちと見られても仕方がありません。

もちろん、今から核シェルターを作るのは非現実的でしょう。

ですから、まず簡単に誰でもできる人生のリスクマネジメント、本書で紹介する「殺数」の取り除き方を実践し、宇宙からのご守護の力を取り入れていただきたいのです。

日本は地震大国で、南海トラフ地震や首都直下型地震は、いつ起きても不思議ではないと言われています。具体的な地震対策をするに越したことはないのですが、もし災難に遭遇した時、ほんの数センチでも、ほんの数秒差でも難を免れられれば本望です。

たった1秒の差で、交通事故に巻き込まれずに済んだ。瞬間の胸騒ぎでその場を移動したので、爆発から逃れた。ほんの数秒前に高台に登ることができ、地震の津波に飲まれないで助かった、などなど。九死に一生を得たという報告は絶えないのです。

「大難を小難に、小難を無難に」という、数の運命誘導を活用することも、大きなリスクマネジメントになることを忘れないでください。

地球は新しい次元に移行しています

1999年に人類は滅亡すると言った「ノストラダムスの大予言」のように、節目の年には何かと終末思想が話題に上ります。2020年もそうです。

今回は新型コロナウイルスによって世界的なパンデミックが引き起こされ、世界各国が大打撃を受け、噂だけでは済まされない現実となってきています。

だからこそ、あなたの生き様が問われます。

アリ地獄に引きずられるな!

泣き言を言って周囲に当たり散らしても、心が荒むだけ、惨めになるだけです。

大きな地球的うねりの下、強制的に時代が変わります。

今までの人類史上で、未だかつてない規模の凄《すさ》まじい大変革です。

日本の神からの啓示をまとめたといわれる『日月神示』では、今の時代を「大峠」と預言しているほどです。

そういう意味では、人間は、来たる新時代に残らず移行させせられますが、その際に淘汰《とうた》される人が日本人の3分の2と言われ、「ジョージア・ガイドストーン」では世界の人口は5億人になるというメッセージが書かれているのです(現在の総人口は約76億人)。

*『日月神示』の「大峠」とは……岡本天明に降りた国常立尊《くにのとこたちのかみ》のお筆先による預言が『日月神示』で、それには地球上での大変動や大戦乱などの途方もない大厄災を「大峠」と呼び、子《ね》の年の前後10年に「最後の審判」であるこの世の「大峠」を迎えるといっている。

*ジョージア・ガイドストーン……1980年にアメリカ、ジョージア州エルバート郡に建てられた花崗岩によるモニュメント。8つの言語で書かれたメッセージ「10のガイドライン」で知られ、そこには「世界人口は5億人に」

などの未来予測が刻んである。

個人的に仕事でちょっと儲《もう》かって贅沢《ぜいたく》をした、得をしたなどという、ちっぽけな個人的損得勘定などは吹っ飛ばされます。

今まで常識と言われていたことが、通用しなくなりました。こうすべきと考えられてきた旧体制から脱却しなければなりません。

「いつまでも旧体制にしがみついている者は、移行できず淘汰にあう」とは、師匠の言葉です。

実は、師匠が35年前に私に言った予言が、すべて当たってきているのです。

これから先の未来の予言も当たるとなると、もういても立ってもいられません。

この本で「殺数」を公開することにした動機も、これが大きいのです。

できることから、自分を大切に考え行動すべきです。

生き残りをかけて、新時代についていかなければ済まされない時代に突入です。

そんな中、時代に左右されない普遍の力を平等に注いでくれる宇宙の法則が、「天恵数理」なのです。

人類への警告に気づいてください

この2、3年のことです。アフリカのサハラ砂漠に雪が降ったり、オーストラリアやアメリカのカリフォルニアで大規模な森林火災が起こったり、ハリケーンや台風が巨大化して甚大な被害を及ぼしたり、イナゴの大群が発生し、東アフリカから中東、東南アジアに及ぶ広大な地域を襲って農作物を食い荒らすなど、異常気象による自然災害や被害が年々ひどくなっていることをご存知でしょうか。

これは、今まで自然を大事にしてこなかった人類への、天からの警告とも言われています。

因果応報。

やっただけのことが自分にも返ってくる「宇宙の大法則」の一つです。

どうやら、「マヤの予言」で世界の終末となるといわれていた2012年12月21日に、人類の評価は決まってしまった、という能力者の意見もあります。

今起こっている異変は個人レベルではなく、地球規模の大災害となって現れてきていますから、その中で個人が試されている「お試し」なのかもしれません。

「引き寄せ」だけでは叶わない

「引き寄せの法則」という言葉を、聞かれたことがあるでしょう。

少し前には本屋さんで「引き寄せの法則」の本が所狭しと売られていましたが、この「引き寄せの法則」だけですべてを手に入れた人はいったい何人いるでしょう?

＊「引き寄せの法則」とは……自分の思考やあり方を変えることによって、願望を実現しよう(引き寄せよう)というもの。成功法則の一つで、2007年頃から数々の本が出版されブームになった。

私の元に相談に来られた方々が、

「引き寄せの法則の本をどれだけ買い漁《あさ》ったことか。でも、全然ダメでした。あれが効いていたら、今頃は……」と、口々に言っていました。

「宇宙の法則」にも気づかぬまま我欲を求めて突き進んで行っても、そもそも、繁栄のルートからは脱輪してしまっているのです。無理矢理、息巻いて車のアクセルを踏み続けても、エンジンから煙を出してタイヤは空回りし地に埋もれるだけ、生命エネルギーを枯渇させているだけです。

アクセルをいくら踏んでも、「殺数」のブレーキを同時に踏んでいるのですから、うまくいくはずがありません。

我欲に囚われ、霊性霊格が低いまま欲張って物質的なものを手に入れようとしても、かえって低い波動のものを引きつけてしまい、ますます困窮してしまいます。まずは、「根本からの『宇宙の法則』の原理を知り、心から気づかなければいけません」

その気づきと学びが、「天恵数理」「殺数」にあります。

宇宙のリズムの中でいかに生きるか

私たちは、宇宙の一員として宇宙のリズムや法則から逃れて生きることはできないのです。

日常的な自然の中にも一定のリズムや法則があり（つまり数が隠れていて）、宇宙と密接に関わっています。

「殺数」を知り活用することで、最大最善のリスクマネジメントをすることになります。数の威力を知り、それを使いこなすことができれば、「戦う前から勝負はついている」とも言えるのです。

かつての中国の三国時代、群雄が割拠する中で劉備《りゅうび》の軍師として連戦連勝を果たした諸《しょ》葛亮《かつりょう》孔明《こうめい》がそうでした。

孔明は「易経」によって数を操り、敵の宰相の性格行動から運の波まで割り出し、事前に仕掛けておいたのです。

正に、戦う前に策を講じていたのです。

これは、現代の商品開発やマーケティング、マネジメントにも言えることです。

いつ、どのような形で新事業や新商品をスタートさせるか、どちらの商品のほうが売れるかといった選択さえ、数の意味がわかると行動が変わり、世界が違って見えてきます。

数は宇宙の掟でもある

宇宙は、意志のある波動エネルギーだと最初にお伝えしましたが、数は、宇宙に流れる波動（周波数）を操るCODE（コード）です。

そして、宇宙の創造主の波動は、人の感じる、

『うれしうれしの波動』

だと師匠から学びました。

ということは、不幸からの悲しみ、憎しみ、怒りや嫉妬などのネガティブな波動は、宇宙の創造主たる波動に反します。

このようなネガティブな波動を出す原因をなくすことが、宇宙の意志に沿った生き方になります。

一人のうれしい波動への切り替えが、何万人、何億人もの大きな波動となり、地球上の悲劇の現象を救いの導きへと変化させ、地球から宇宙にその温かな波動は流れ、宇宙の繁栄の力とリンクします。

反対に、悲しみと苦悩に満ちた波動があまりに強く増え続けると、地球上に地震などの天変地異や災害という現象となって現れ、宇宙にも呼応します。すると、地球人はまだまだ悟れない未熟な下等生物として、さらなる試練を用意されます。

それが、宇宙の掟でもあるからです。

宇宙から良いと言われた方法は素直に実行し、宇宙の法則に則《のっと》った生き方をしようではありませんか。

第4章

数のパワーを知る人々

古代文明からの支配層の帝王学

古代文明というと、あなたはどの文明を思い浮かべますか。

マヤ文明やエジプト文明、シュメール文明からメソポタミア文明に至るまでいろいろありますが、どの古代文明にも共通していることは、人民を統治支配してきた存在として、王と神官がいることです。

どうして神官が中枢にいたかというと、天の宇宙とそれぞれの神とつながる儀式を執り行ったからです。

すなわち、古代から宇宙の力を知り活用した者が、国や人民をまとめる重要な役割を果たしてきたのです。

そこには驚くべき天文学や建築学、数学ともいえる叡智《えいち》が宿っていました。現代科学でも解き明かせないような巨大なピラミッドを作るだけでなく、ナイル川の氾濫の時期などを読み解いて農耕に活かすなど、人々が生きるのに直結した超科学技術と人々を掌握する強大な力がありました。

正に、宇宙の智慧《ちえ》を握ったものが人民を支配したのです。

今でもその根本原理は同じと言えます。

高度成長時代の大物たちが秘密裏に実践したこと

35年前のことになりますが、私の師匠の元には、皆様がよくご存知の政財界の大物や、芸能界のスターたちが足繁く相談に見えていました。

憧れの存在ばかりでしたが、各界で頂点を極めた逸材には共通点がありました。

それは、「孤独である」ということです。

偉くなりすぎると、周りに人が寄り付かず、相談する相手もいない。

あの当時のカリスマ経営者というのは、部下に相談したり弱みを見せることはできないということもあったのでしょう。

しかし成功を手にしたそのような大物ほど、日々の問題は多く、自分の瞬時の決断によって巨額な資金を動かし、何万人もの社員と取引先、そしてその家族の生活を支えているという重圧も絶えず抱えていました。ですから必ずと言ってよいほど、心の支えとなり判断の指針を与えてくれる相談役のような存在がいました。それも秘かに隠された存在です。今も周りには内緒にしているだけで、洋の東西を問わず世界をリードするトップ層には、占術家など裏で支えてくれる存在がいることは確かです。私の師匠はそんな存在の一人だったのです。


戦後日本の高度成長期には、師匠のアドバイスを活かし事業を拡大させたり、株などの投資でも大儲けして、一代でコンツェルンの総帥になった方もいらしたほどです。

そのことを知らないのは、世の中の波に揺られ翻弄されるだけの大多数の一般人です。

師匠は各界の逸材たちに、「宇宙の法則」から「数の奥義」、総合易学からのアドバイスを与え、時には厳しく戒め先導していました。

彼らトップリーダーたちにとっては、ビジネスとは正に戦国時代を勝ち抜いていくようなもの。領地を広げ臣民を掌握するために、自分の努力や実力に加え、運を味方にする強いパワーを求めたのです。そしてその威力を認めていたからこそ、師匠の教え、「奥義」を他人には教えたくないと、門外不出、他言無用にしてしまったのです。

彼らは、こう言い切っていました。

「下の層に行くほど見えない『数の力』を否定する」

「数をバカにするから数が見えない。だから、数からしっぺ返しを食らう」

運を左右する数の「奥義」の力を見抜き、良いと直感したことはすぐに実行に移したり、数々の神社にたびたび奉納されていることからも、成功者がいかに見えない宇宙高次元の数の力を信じたことかおわかりになるでしょう。

数の力を知る成功者

かつて、一部の富裕層、各界の大物、成功者にしか伝えられず、門外不出にされていた「数の最高奥義」を、コロナ禍の今だからこそ、多くの人を救うために満を持して公開致します。

あなたを救う方法はあります。

何をやっても裏目に出て、生きるのが辛い、生活に疲れた、もう逃げたい、自分の人生はこんなものか、と思っている人にこそ申し上げます。

諦めたら、おしまいです。

方法は、あるのです！　あなたは今まで、知らなかっただけ！

しかし、それを知って行動に移すかどうか、その差が今後さらに大きく開いていきます。

私の講習会で、「世界で一番繁栄している民族は何でしょう？」と質問すると、皆さん「ユダヤ人」と答えられます。

それなのに、ユダヤ人がビジネスを成功させ願望を達成させるために、子供の頃から徹底的に教えられる、「数の力」のことを知りません。

ユダヤ民族の人たちは歴史的に、どの国に住もうがそこで繁栄していくための秘密の方法を代々受け継いでいるのです。一族の存続をかけて、子供が小さい頃から家長が徹底的に処世術を仕込みます。生きていくために必須だったのです。

そこで欠かせないのが、「カバラ数秘術」です。

カバラ数秘術という言葉を聞いたことがある人でも、それが世界をも動かす数の力と威力を持っていると知る人はほとんどいないでしょう。これは非常にもったいないことです。もちろん、カバラ数秘術は複雑で、活用するにはある程度の修養が必要になり、そう簡単には会得できません。

このカバラ数秘術よりも簡単で、カバラ数秘術とは別の角度から、運命を操る領域の数のパワーを活用する方法、それが、「殺数」なのです。

「殺数」は、東洋易学でいうところの「鬼門」を封じるコードナンバー。鬼門から襲いくる災いの鬼や魑魅魍魎《ちみもうりょう》からの厄を封印してしまう、個人にとっての鍵（ロックナンバー）であり、人の能力や願望、幸せを阻むマイナスエネルギーを阻止するコードでもあります。

わかりやすく例えて言うと、テレビの電波は目に見えませんが、チャンネルの数字を合わせることで見たい番組が映ります。しかし、希望の番組のチャンネルのナンバーを知らなければ、意に反して見たくもない番組だったり、自分にプラスにならない番組、怖い思いをするホラー映画が出てきてしまうこともあります。

人間の運もこれと同じで、「殺数」を知らなければ、幸運ではなく、災いのチャンネルのほうを選んでしまう確率が高いのです。ですから、事前に「殺数」を知ることで、もう災いのチャンネルにつながらないようにしてしまうわけです。

見たくないホラー映画が出てきたりすると気分は滅入り、恐怖や不安、将来の心配事が広がるような波動へと下がってしまいます。

実は、幸不幸の差はこんな小さなことの積み重ねから生じます。

ちなみに、お金持ちの人は極力、ホラー映画やお化け屋敷には興味を持たず、見ないそうです。恐怖心が運を落とすということを、直感で摑んでいるからでしょう。

大富豪たちは実践している

さらに「殺数」を知ることで、前向きに努力する自信がつきます。

裸一貫から大富豪にまで上り詰めた人たちは、必ずと言っていいほど、このような見えない世界の特別な教えと出会って、その価値を見抜いて即座に実行しています。それは、民族を問わずであり、大富豪になってからも変わりません。

インドの実業家ムケシュ・アンバニ氏は、世界の富豪番付でトップ10に入るほどの大富豪です。そんなアンバニ氏が、総工費1000億円という世界一の豪邸を建設した際、インド風水（風水も数による運命誘導法の一つ）でビルに殺がかかっていることが発覚しました。そこで、一族はこの豪邸に住まず、しばらく近くのマンションで暮らし、時が経って、殺の矯正を完了してから移り住んだといいます。

それほど、数の運命誘導の凄まじさをご存知だということです。

どんなに成功しても、絶えず素直に宇宙の黄金律である数の理に従っているのです。

成功を手にした大富豪たちは、どんなに成功した後でも決して怠りません。大きくなればなるほど、その富と成功を手放したくないので、なおさら徹底しているのです。


ここで言っておきたいことは、お金持ちになりたいとか出世したいとか貪欲な思いはあっても、思っているだけの人が多すぎるということです。感じることができず、信じることもできず、行動もできない人が多いのです。

「見えない力を信じていると知られたら、周囲から変に思われるのではないか」、そんな偏見が、日本人には多いようです。ですから、能力は高いのに、自分の人生をどこかで制限してしまい、希望通りに生きられない浮かばれない人が多いのです。

有効な方法を見抜き、行動までできる人が極めて少ないのは、実にもったいないことです。だから、成功者はごく一握りになってしまうし、一時期調子が良くてもすぐに失速してしまったりするのは、それが理由だと言えます。

最後は、信じ切る、やり切る覚悟が必要です。

中でもこの「殺数」は、選ばれた人だけではなく、万人が平等にこの奥義を使ったその日から、その人の人生を好転させていくことができる、まさに『天恵のギフト』です。

自分で付けている呪縛の足かせは、自分で外しましょう。数は裏切りません。

そもそも悩みや苦悩は問題が起こるから

そもそも、悩みや苦悩を抱えるのは、問題（トラブル）が起こるからです。だから、そのトラブルを起こらないようにすれば良いのです！

そのトラブル現象を引き起こすきっかけは、天からのプログラム（数）に秘められています。だから、トラブルを引き起こす「殺数」を知って、使わなくすればよい、という世界一簡単で誰でも実践できるのが本書で紹介する開運法です。

「ただ、悪い原因を除けば良い」という、引き算の発想です。
不幸の種は、未然に摘んでしまえば、不幸は起こらない！
何ともシンプルな答えではありませんか。
本物は、非常にわかりやすく、簡単でシンプルなのです。
難しく考えなければ解けず、わかりにくい曖昧なものは本物ではありません。
これも、私が師匠から伝授された極意です。

不幸は自己責任

「こうすれば良くなりますよ」
と言っても、
「だって……」

「でも……」

「私は違うから……」

などと、やらない理由を先に考える人がいますが、そういう方に限って後から困ったことになり、何とかしてくださいと大騒ぎするものです。

私はその場で、その相談者がアドバイスで良く変わり、幸せになれる人かわかります。運勢が好転する人、成功する人は、何とも素直で潔いのです。

駄目なケースの人は、ぐずぐずと同じところを堂々巡りしていて、口にする言葉の言霊も暗く、不幸でいることに酔っている。ある種、自分は悲劇のヒロインだから構ってほしいというような人。そして、ネガティブな言葉を何度も何度も繰り返して言います。

不幸から抜けきれない責任は自分にある、人生が今の状態にあるのはすべて自己責任だということが、わかっていないのです。


運の良い方は、性格が明るくて、話していて爽やか。

運の悪い方は、性格が暗くて、話していてネチネチとしつこく、がめつい（欲があることと、がめついは違います）。面白いほど、わかりやすいです。

もし、ご自身が最近ついてないとお感じでしたら、改めて自分の行いを振り返って見てください。わかりますよ。

数秘術と「殺数」との違い

「殺数」は、知らずに使っていると不幸が巻き起こる、文字通り〝運を殺す数〟を明らかにしたものです。

変えられない宿命を見るのではなく、変えられる運命にフォーカスして積極的に好転させようという、前向きな運命誘導法です。

ほかに数によって運命を解き明かす秘法としてよく知られているのが、前述のユダヤの人たちが繁栄のために使っている「数秘術」です。これは西洋の密教ヨーガとも言われているユダヤの神秘思想であるカバラの教えの中から誕生したもので、恐るべき正確さと精緻な分析とにおいて導かれた運命学と言えます。

『秘法カバラ数秘術』（斉藤啓一著、学研プラス）によると、数秘術では、次のようなことがわかります。

性格、神が授けたこの世の使命。

その人の外見や印象、眠っている才能。

前世および未来の運命。

ライフサイクル――何歳の時にどんなことが起きるかといった運勢。

どんな人を愛し、またどんな人から愛されるのか。愛の出会いはいつ訪れるのか、など。

ここまで割り出せるものなのかと不思議に思うくらいです。

確かに、自分を知り相手を知ることは、人生の勝負時や次の一手を考える際に有効です。

これが、彼らがビジネスで大きな力を発揮している所以《ゆえん》でしょう。

ただし、「カバラ数秘術」は、答えを割り出すのに計算をしなければなりません。また
その割り出した数の意味を探して、解釈し読み解かなければなりません。多くは専門家の
手にゆだねることになります。
一方、「殺数」は、本書の袋とじの殺数表を見て、自分の殺数を知り、その数の使用を
避けるだけ。表を見るだけですから、世界一簡単でしょう！

（実際にその人の細かい部分まで具体的に見ていくためには、複雑な計算が必要ですが、本書では多くの人が簡単に利用できるように事前に計算して一覧表を作成しました。簡単でも効果は絶大です）

両者の一番の違いは、「殺数」は不幸の種になる重大原因を突き止めて、悪い運を根本から書き変えたり、運の欠けている部分を底上げすることにより、現実世界で起こる現象そのものを変えることです。

例えば、「数秘術」やほかの運命鑑定によって、「あなたは、対人関係でお酒が災いの元です」と言われたら、お酒の席には参加しないとか、あまり飲まないように気をつけよう、と自分を戒めて行動しなければなりません。

しかし、それまでお酒がやめられなかった人にとっては、「できない、やりたくない」という気持ちが残り、結局、三日坊主で終わってしまい、何も変えられないまま元のトラブル人生に戻ってしまうケースが多いのです。中毒症状の人なら、なおさらです。

要するに、自分にとって嫌なこと、やりたくないことを強要されることもあるのですから、その原因を改善するのはなかなか大変です。第一、簡単で好きなことなら、とっくにやっています。それができないでいるから、トラブルになるのです。

人間だもの、わかっちゃいるけどやめられない、というのはよくあることです。

「殺数」の場合は、その数字の使用をやめるだけで気分が変わり、現象自体が変わってトラブルが未然に防げるようになります。

不思議ですが、「殺数」を実践すると、なんでお酒がやめられなかったのだろう、なんで今までそんなことに執着していたんだろうと思うくらい、自分が良いほうに少しずつ自然に変わっていくのです。

食べ物の好き嫌いもなくなった、と言う方もいらっしゃいます。

それにもまして、自分の力が直接及ばない地震や台風、洪水や津波などの天災や、交通事故などのトラブル、会社倒産やリストラなどの経済的災難に対しても、「大難は小難に、小難は無難に」と救いの手が差し伸べられるのですから、願ってもないことです。

ここで言いたいのは、**自分は無意識でも、見えない世界からの御加護の力が働き、助けられる**ということです。

助けられる現象も、その方が想像していた方法や段取りとは全然違う方向から叶うといった感じです。例えば、自分で考え、こうするしかないと固執していた方法では実現しなくとも、別の方法や他の人がもたらしてくれたことからうまくいくといった感じです。

ここが、人智を超えた強烈な運勢誘導力の特徴です。

つまり、ストイックな禁欲生活や、慣れないこと、好きでもないことを無理強いさせられなくても、「殺数」が勝手にあなたの現実世界におけるプログラムのバグをリセットしてくれて、より良い現実に誘導してくれるということです。

映画『マトリックス』で描かれたように、現実世界と思っている毎日は、実はパソコンの画面に流れるように映し出される数字のプログラムによって、生み出された虚像という設定をイメージされると、おわかりになるでしょう。

ともかく、私たちは、「数」が現象をコントロールしているプログラムコードだと知り、活用していけばいいのです。こんな便利で楽なことはありません。もう既に多くの方が、自分の運命を好転させています。

マイナスをゼロにする「殺数」の極意

日本神道のモットーは、

「祓いに始まり、祓いに終わる」

神社での御参りは、まず汚れたものを浄化しゼロに戻すということです。ですから、手水鉢《ちょうずばち》などに「洗心」とよく書かれていますね。

この東洋的な思想が、「殺数」にあります。

西洋の波動は力の原理。最初から力によってプラスに振り向けることにフォーカスされています。

それに対して東洋の考え方は、足し算をする前に、マイナスの部分をゼロにリセットしてから足し算で波動を上げようと考えます。まずマイナスをゼロにすることで、その後、盤石な地盤の上に創造的建設ができます。ブレないグラつかない基礎ができ上がり、心穏やかに安定することができるのです。

人は神ではありませんから、生まれてこの方、必ずマイナスとなる欠けの部分を持っています。ちょうど魂が丸い円だとすると、窪《くぼ》んだり欠けがある形になります。その欠けた箇所が人によって違い、それぞれの人に数のコードで割り振られているのです。

また面白いことに、欠けに当たる数の持つ意味が具現化されるのです。

欠けの部分の数に肥満になりやすい意味があれば太りやすく、お酒に注意の意味があれば酒癖が悪くてお酒の席で失態を犯すということになります。

このマイナスの箇所が、それぞれ現象の領域となり、あなたの人生に悪さをするのです。

ある人は金運に欠けがあったり、ある人は結婚運に欠けがあったりと、人により「殺数」の災厄が噴き出す種類が違ってきます。さらに「殺数」を日頃どれだけ使っているかにより、災厄の程度や回数も変わってきます。それも数ですから、至ってオートマチックに現れるのです。面白いでしょう。

ですから、知らずに「殺数」を頻繁に使って生きている人は、頑張っていても何とも残念な結果を引き寄せているわけです。

まずはリセットすることが大事

神社には、ほとんどの方が願いを叶えてほしいと、神様にお願いに行かれていると思いますが、前述のように最初に浄化し無我の境地になること、まずは邪を祓い、清い状態にリセットすることが大切です。そうすることで、天運のエネルギーを大いに受け取ることができるようになります。

魂が濁った状態では、神様のご利益も自分でブロックしてしまうことになります。

ここが「殺数」の奥義に通じる重要なところです。

会社の経営を例に挙げてわかりやすく説明しましょう。

会社倒産の原因で一番多いのが、信じていた身内やパートナーからの背任行為、裏切りだそうです。このようなトラブルが起きると、その解決に時間とお金を費やすだけでなく、何より精神的ストレスを被ることで生命エネルギーが使われてしまい、会社本来の業務、生産活動を大きく妨げます。

トラブル処理に追われて思ったほどの業績を上げられず、ひどい場合には心労から病気に倒れたり、負債を背負い込むという負のスパイラルに陥ってしまうのです。マラソンのスタートラインに立つ前に、険しい坂道を走らなければならないというハンデキャップを背負わされたようなものです。

ですから、トラブルや災いを避けるリスクマネジメントがとても大事なのです。

ここをわからずに目先の利益を上げようと突っ走るばかりでは、思わぬところでブレーキを踏むことを余儀なくされます。

まずは、「殺数」で己を知ることです。

第5章 天運のエネルギーを受け取るために

万物の正体はエネルギー

万物の正体は、エネルギー体だとお話ししました。

では、人間とライオンのような動物、虫、はたまた生き物ではない自動車など、なぜこんなに違うのでしょうか。

「一寸の虫にも五分の魂」と言いますが、確かにエネルギーはあっても、そのレベルの高低が違い、強さも大きさも、色も違います。つまり、エネルギー周波数（波動）によって、個体が決まるのです。

宇宙は無限大（∞）ですから、周波数の違いとクラス分けも無数にあるのです。無限の振動する粒子でできているということです。

師匠は、宇宙の起こりも成り立ちも、将来、すべて量子力学で証明されることになると言っていましたが、地球の科学でも、あともう一歩というところまで来ています。


生命エネルギーのレベルは、次の三つの条件で決まります。
①強さ（光の強さ・色）
②大きさ
③レベルの高低

特に、③のレベルの高低は、エネルギーの質の違いとも言えます。

エネルギーのレベルがとても高いのは、高級霊とも言える神仏や宇宙の高次元の存在となります。

そして、個々の生命エネルギーの状態は、わかりやすくオーラの色や形や光の強さに表れます。仏像には光背があり、頭の後ろに後光がさしていますが、あれはオーラを描いたものでしょう。

ちなみに、人のオーラが見える能力者に聞くと、病気の人は病気の箇所が黒く見えたり、オーラも小さく濁った汚い色をしているそうです。

もしあなたが、実年齢よりも老けて見られるのなら、オーラが弱く小さく、色が濁って質が低下してしまっているのかもしれません。これ以上、進行してしまうと健康にも悪影響を及ぼしかねないので、すぐにでも数の魔法の杖を振ってください。若返りも可能です。

周波数は、現象も人も引き寄せる

「類は友を呼ぶ」という諺《ことわざ》がありますが、万物を形成しているエネルギー周波数も、同じ周波数のもの同士を引きつけます。人も、趣味や好みが同じ人が自然と集うように、似通ったもの同士は居心地が良いということです。

エネルギー周波数は、現実の目に見える世界では、その人の身なりや人相、雰囲気から大体わかりますが、見えない世界でも同じ周波数レベルのものを引き寄せてしまいます。

ですから、低くて暗いエネルギーの人は、霊の世界でも、生前に辛い思いで自殺したり、人を恨んでこの世に執着して成仏できず、未だに不成仏霊として彷徨《さまよ》っている霊も引き寄せてしまいます。そのような念が低い存在に憑依されると、運を悪くするようなことをされて非常に厄介です。

ですから、「君子危うきに近寄らず」。天恵数理の「殺数」を知り、低い霊をブロックすることです。

鬼門から邪霊を引き寄せると、命にも関わる

私の今までの相談者の中に、スピリチュアルな能力を持ち、見えない世界が見えたり聞こえる方がいらっしゃいました。

その方の家族はみな普段から病弱で、難病を患っている子供もいて、その治療費を捻出するため生活も苦しくなっているということでした。

そこで私が「殺数」をお教えし、早速、自分の周りから悪い数を取り除いたところ、驚くことに、それまでその家に住み着いていたと思われる邪霊が、玄関ドアからバタンと外に出て行くのが見えたそうです。

それから家全体が明るくなり、子供の喘息《ぜんそく》も治まって、今では自分で健常生活を送れる

ようになるまで回復されているそうです。それで相談者ご自身も仕事に戻ることができ、経済的にも安定したと教えてくれました。

自分だけでなく家族へも影響を及ぼしていた邪霊が出て行って、それまでの陰鬱とした家庭が明るく癒される場になったと、感謝していただけました。また、「もしこの数の奥義に出会っていなかったら、どうなっていたでしょう」とも言っていたのが印象的でした。

私はそのような悪霊の姿は見ることができないので、このエピソードにはかなり驚きました。

「殺数」は、数により波動をコントロールし、私たちを取り巻く現象を変えていくのですが、見えない世界の、波動に敏感な霊を動かすこともあるということです。

ですから、鬼門からの鬼や邪霊は「殺数」でシャットアウトしましょう。そうすることで生命エネルギーを高め、体も健康にし、仕事のやる氣も上げて、生まれてくる前に持っていた元の氣、すなわち元氣になることができるのです。

ちなみに「気」の文字はエネルギーを〆《しめ》てしまうので、米のエネルギーが八方に広がっているパワーの強い「氣」の文字を使いましょう（「病気」などは、広がらないよう「気」

のままでいいです）。

「殺数」を排除すればエネルギーが変わる

もし、何もしないでいたら、事故運を持っている人は交通事故や対人関係のトラブル、金銭詐欺など、何かしらの苦労を味わうでしょう。しかし、「殺数」排除を実践することにより、事故をうまくすり抜けたり、ほんの軽いかすり傷で済んだりします。事前に「殺数」でブロックすることで、大難は小難に、小難は無難にと、自分では意識していない領域で守られるのです。

「殺数」を知ることで、これから起こりうる体の不調も未然に防いだり症状を軽くすることもできます。

いわば、「健康未来カルテ」にもとづく処方箋を先に手に入れることになります。

それは私自身が体験してきたことですから、自信をもってお話しできます。

今から見ると、暗黒の黒歴史であった私の20年間は、思い出すのも憚《はばか》られるほど嫌な年月でした。師匠の予言通り、結婚してからの20年間は気持ちの休まる暇がありませんでした。

それが、不思議なことに、あれほど探しても見つからなかった師匠の『奥義書』が、ちょうど20年後に見つかり、私は反省と呪縛から解き放たれた感謝の気持ちで、貪るように学び直しました。そして、その奥義を自分で実践したことにより、百八十度激変した幸福人生になれたのです。

今では、あの20年間が嘘のように、精神的にも経済的にも、何よりも人間関係が素晴らしく豊かになり、毎日好きなことで多くの人に貢献できる歓びと楽しみを感じながら生活しています。

私にあれだけの苦労の総合デパートのような経験をさせたのも、わからずやの私にわからせる意味があった、天の仕組み（シグミ）であったのでしょう。天の計らいとは、最初は知らされないで、後でわからされるのです。私は、それを思い知りました。

本当に不思議ですが、あれだけ次々と降ってわいた災厄トラブルが、「天恵数理」の奥義を実践してからピタッと止まったのです。

心から救われた思いで、幸せです。なんでもっと早く使わなかったのか、使っていればどんなに良かったか、と悔しく思ったりもします。

お蔭様で、私はさまざまな問題と苦労を抱える相談者の気持ちが良くわかりますし、どうしたらその人の人生が良くなるか、冷静に的確な導きの答えが出せます。

最初は血相を変えて「大変なんです」と相談に来た方が、私の昔の苦労話を聞いて、「先生がそんな苦労をしたなんて、私の問題なんてまだまだ取るに足りませんね」などと言われたこともあります。

そして「殺数」をお教えすると、憑《つ》き物が落ちたように相談者の顔色と人相がみるみる変わるから不思議です。

能力者の私のバディ（親友）から、

「先生のお役目を神様にお聞きしたら、人を教え導くのがお役である」

と言われたことがあります。

私は、自らの体験をもって、「天恵数理の奥義」の凄まじさを思い知りました。そんな私だからこそ、大丈夫！　と皆様にお伝えできるのです。

数の奥義の真の目的

先に紹介した「カバラ数秘術」も「天恵数理」や「殺数」も、単なる占いだと思わないでください。

吉が出たとか、凶が出たなどと一喜一憂したり、いかにして人より豊かに楽しく暮らすかといった刹那的な目的のためにあるものではありません。人より贅沢に振る舞い、見栄を張ったり威張る目的のために使われるものでもありません。

もちろん、「他人の不幸は蜜の味」などという低い波動や、人から奪うことで快感を得るようなことに利用するものでもありません。

むしろそういった世俗的な幸不幸を超越し、高い霊性霊格を開発するのが目的なのです。

いかにして人を苦しみから救い、奉仕することができるか。

それこそが、数の力の本望だといえます。

私がこの本を書くに至った経緯も、この世に生まれてきた目的である、一人ひとりの霊性霊格の向上と、他者への奉仕という二つの理念で貫かれています。

この霊性霊格を高めることこそが、真実の幸福に至る道であるということを、一人でも多くの方に気づいていただけますよう。

心の豊かさを高めることが、これからの真実の幸福への道です。

この地球の大変革の節目に、「個人の霊性霊格の向上」と「人類、地球への奉仕」「新時代の創生」という最大級の目的の達成に向ける『指南書』として本書を著しました。

新時代を幸せに生き残る道に、明かりを灯します。

「殺数」の数の奥義により、幸多かれと祈ります。

第6章 「殺数」の原理

「殺数」の原理

人間は神様ではなく成長途中の未熟な存在なので、必ずプログラムにバグがあり、それがトラブルなど人生のイレギュラーな事態を引き起こしてしまいます。この指示コードが「殺数」なのです。

コンピューターソフトのプログラムにも数が並んでいますが、あなたという存在を形作る人生プログラムも同じで、そこにある「殺数」の場所と数の意味によって、あなたに襲いかかる災厄の種類と時期、程度が決まるのです。

ですから、「殺数」を知り、人生プログラムから「殺数」を排除することで、不都合な現実をより理想の未来に変更させることができるのです。

不幸の原因は何か

心優しい善人が幸せかというと、そうでもありません。

本来なら、心清らかな人はすべて幸せになってしかるべきですが、そうとは限らないイレギュラーが、現世には生じています。

その原因が、自分にとって吉凶どちらの数に囲まれて生活しているか。これで生き方の上手い下手の差が生じてきます。

そこが現世の理不尽な点で、意地悪でガメツク計算高い人が、たまたま数をうまく当てはめて使い、うまい果実を手にして楽をしているケースもあります。このような人は、調子に乗って人を傷つけたりすることがあるので、どこかでゴツンと清算させられることになります。

問題は、善人についてです。

確かに徳を積んでいると、困った時に助けの手が入る可能性はありますが、この助け船を得られるかどうかも、その人の使う数に左右されます。「殺数」の地雷を複数踏みまくっていると、心優しき善人でも結果が裏目に出て苦労するのです。

生まれつきの生命エネルギーの数値が高いか低いかということだけでなく、日頃の生活の中で使っている数からも影響を受けるのです。つまり、生まれつきの生命エネルギーの数値が高くても、殺がかかっている数を多用することにより、運を下げてしまうという原理があるのです。

一方、生まれつき生命エネルギーの数値が低い人は、「殺数」を排除して少しでも運を上げなければ、辛いばかりの報われない人生になってしまいます。

豪傑と言われるような生まれつきの生命エネルギーが高い人でも、「殺数」を知らずに毎日「殺数」を踏む生活を送っていると、人の裏切りや金銭トラブルを呼び寄せたり、最悪な場合は寿命にまで影響を及ぼしてしまうということです。

生命エネルギーが高く大きな波を受ける人は、ダメージもまた大きくなってしまう傾向があります。エネルギーの真理で「山高ければ谷深し」です。

数は、理屈なく現象に表れます。これは機械的な法則だと言えます。

「殺数」の排除を実践すると、トラブルがピタリと起こらなくなる人もいますし、精神的に氣の休まる時がなかった人でもリラックスして安堵《あんど》感を得られ、氣も充実して、やる氣が湧き上がってきたりします。

一番大事な有難いことは、やはり健康を後押ししてくれることでしょう。

生まれつきの生命エネルギーが低くても、今からでも、あなたが使う数字を変えていけば、人生も好転していくのです。


生まれつきだからと諦める必要はありません。

だから、「素晴らしきかな人生」と言えるのです。

とてもよくできた、「天恵の恵」なのです。

生まれた時点ですべて決まらない

人は誕生日の数字を必ず持っていて、生まれた時に備わった生命エネルギーの強さは一人ひとり皆違います。

生まれながらにして、前世から持ってきたものが良い人は生命エネルギーが高く、運力が強いのです。

一方で、非常に低い状態で生まれてくる人もいます。しかしここで面白いのは、生後あなたが使う数によって、大分挽回《ばんかい》できるということです。

逆に、自分は生まれつきエネルギーが強いからとふんぞりかえったり怠惰にしていては、そのエネルギーを浪費して、後年、「こんなはずじゃなかった」というような不本意な人生で終了することにもなりかねません。

挽回する方法があるから、天の計らいは粋なのです。

新時代への移行期には、「殺数」が人生を狂わしかねない

それぞれの人の「殺数」は、1から9までの数の中のいずれかになります（複数）。

それぞれの人の生まれ年、生まれ月から一つずつ数霊を計算して、導き出していきます。

本来は鑑定する人ごとに計算していきますから、一人の「殺数」を導き出すのも大変な

のですが、今回、書籍という形で「殺数」の存在を多くの方々に知っていただき、運勢好転に役立てられるように、1926年（大正15年／昭和元年）から2021年生まれの方の「殺数」を導き出しました。一人ひとりの方が人生を好転させていただけるよう心を込めて、手間と時間をかけた結晶が、本書「袋とじ」ページにある「殺数一覧表」です。

あなたにとっての「殺数」がどの数字なのかが、そこでわかります。袋とじを開ければ、簡単にあなたの「未来の扉」が開くのです。詳しい「殺数」の取り除き方、運勢誘導法などは後述していますので、どうぞ宇宙の数のダイナミズムをお楽しみください。

1から9までの9つの数字の中に、あなたの「殺数」がいくつ入っているかは、人により異なります。ただし、今は「太陽から月」「土から風」「表から裏」の新時代に突入する時であり、両方の波動が入り乱れ、破壊と創造の力が嵐の如く吹き荒れるので、「殺数」が含まれる割合も高くなって、多い人では「殺数」が50％も占めています。

ですから、「殺数」とその対処法を知らないと、今後取り返しがつかないところまでいきかねないのです。

新時代への移行期には、特に旧体制のいらないもの、今までは抑えつけ隠されてきた悪事や秘密がどんどん暴かれて表に出てきます。裏が表になるという、大どんでん返しが起こる波動なのです。

2018年頃から、ニュースを見ても今まで隠されていたことが明らかになったり、芸能人の浮気や薬物事件の類いまで、白日の元に晒《さら》されてきていますね。これからはもっと、隠されていた秘密が明るみになったり、隠しておきたいことが暴露されたりしていくでしょう。中には、世の中がひっくり返るような大どんでん返しも！

実は、本書では詳しく説明しませんが、「殺数」は逆に、隠しておきたいことが暴露されないように活用することもできるのです。これが数の極意の凄まじいところで、「殺数」をうまく活用すると、臭いところに蓋もできてしまうのです。ともかく、「殺数」はトラブルの災いを避けたり最小限にできるのですから。

でも、あくまでも善意に、自分を大切にするために活用していただきたいです。

数と生命エネルギーの恐るべき関係

ここで数と生命エネルギーの関係について、とても大切なことをお教えしましょう。

これは病気のケースが一番わかりやすいのですが、人にはこれ以上進んだら後に戻れないという命の限界数値があります。

「80対20の法則」というものがあり、病気の度合いが、100のうち80以下に抑えられていたら治癒できるのですが、80を超えてしまうと、もう元の体には戻れない、手の施しようがない状態に入ってしまい、残念ながら死に至ることとなってしまいます。

80を超えないように留める方法も、「殺数」にはあります。

治療して治る限界と、手遅れとなってしまう線引きですから、この差は大きいです。

しかし、この体とエネルギーのメカニズムを知り、「殺数」を除いて数を効果的に使用すれば、意識していなくとも数が限界数値を超えない生活環境や現象を生み出してくれます。力を貸してくれるのです。

これは全くもって、健康体にするということとは違います。

その人の置かれた立場により千差万別ですが、最悪、死に至らないように、また死を宣告された人はその日ができるだけ遅くなり、生きている時間を少しでも豊かにできるように、数がサポートしてくれるということです。

ギリギリでも限界数値を超えなければ、延命でき、死を前向きに迎えられるということです。

前述しましたが、その人の寿命が頭の上に浮かんでいるのが見える私のバディの話では、人には生まれながらに3通りの死亡年齢があるのだそうです。

そして、その三つの中のどれを選ぶかは、自分の生き様によって、自分で選ぶことになる。これもまた、自己責任です。

自分を大切にすることなく酷使して、生命エネルギーを早く枯渇させてしまえば、命のろうそくを早く燃やしつくしてしまい、一番若い寿命になってしまうということです。

どんなに栄華を極めても、自分を大切に生きるということは、決して忘れてはいけないことです。

賢者の行動はここが違う

賢者とは、先見性があり、分析力に長《た》け、用意周到な方が多いです。

そして素直で、いつまでも少年のようなエネルギーの輝きを放ち、野生の直感というべき第六感で物事の真理と価値を見抜き、良いことはすぐに取り入れ行動します。

特に普通の人との大きな違いは、災いやトラブルを避けるリスクマネジメントを大切に考え、しっかり対応していることです。良いということは、迷わずすぐに行動して備えます。

また、株式投資のように、リスクヘッジをしっかりします。勝負は戦う前についているということがわかっているかの如くです。くじけない、諦めないマインドもお持ちです。

えてして凡人は、目の前にある物質的なものに飛びつきがちです。無料とか、少しでも得をすると言われたものに気を取られ、肝心の価値あるものに気づかないでいます。

『星の王子様』のお話ではないですが、本当に大切なものは目の前の見えないところに隠されているのです。

欲張って、物質的なものを人から奪おうとするような行為をしてはいけません。万物は流転しているので無に帰します。

奪ったものは奪われる。

自ら行動して創り上げたものが価値があり、残るのです。

これもまた真理です。

第7章 「殺数」の魔力から逃れた人たち

「殺数」が多いとどうなるか？

「殺数」を知らないで使い続けていると、どうなるか？

とにかく、トラブルが矢継ぎ早にあなたを襲うことになります。

では、あなたが持っている「殺数」の個数は、どう影響するのでしょうか。

「殺数」は1から9までの数字で、人により多い人で50％、0も含めると半分以上も持っています。「殺数」が半分もあると、勝負の時に弱いとか、本番でミスするとか、普段から覇気がないのではないかと考えがちです。しかし、実は「殺数」は誰でも最低三つは持っています。そして「殺数」が三つしかない人のほうが、ある意味で怖いのです。

これはエネルギーの法則に関わりますが、一つのおまんじゅうを五つに分けるのと三つに分けるのとでは、当然、三つのほうが大きくなります。このように、「殺数」が少ないということは、一つの「殺数」の災厄度が強いとも言えるのです。


歴史上の偉人や豪傑の中に短命だった人がいますが、そのケースがこれに当たります。良い時は破竹の勢いで活躍し出世するのですが、「殺数」の魔力を知らずに力任せに生命エネルギーをどんどん使い果たしてしまうと、「太く短く」の一生になりかねないのです。それも、一つの数字あたりの魔力が大きいので、災厄やトラブルが一度起こり出すと後から後からトラブルが続き、いきなり事故や病気に遭って急死してしまったり、業務が急転直下で衰退したり、ともかく予断を許さない人生になってしまいます。

そしてこれは、知らずに「殺数」を多用してしまっている人に多いのです。


この一方で、「大器晩成型」と呼ばれる人がいます。

「大器晩成型」とは、若い頃はパッとしなくても生命エネルギーを溜め込んでいて、その後、自らの魂を磨き、器が大きくなった人を指します。決して若い頃うだつが上がらなかった人が、晩年はお金持ちになるという短絡的なシステムではありません。器を大きくするよう鍛錬しなければいけないのです！

このケースの典型例として挙げられるのは、前述した経営の神様と呼ばれた松下幸之助さんです。

松下さんは子供の頃から病弱で、見るからにガリガリで、運勢の鑑定結果からもエネルギーが弱かったそうです。しかし、心が崇高で頭脳明晰《めいせき》、直感に優れていて、高次の存在からの教えを信じ、迷わず実践されたので、後に徳という天恵の貯金をいただき大成したのです。

病弱なので一人で頑張ることは無理と見切りをつけ、宇宙の力を信じて人を活かすことにされたのです。あの方の大繁栄の秘密は、ここにあります。

人生の平均点は上げられる

人生は山あり谷ありと申します。

確かに、一生の間、終始絶好調で、嫌な思いとか失敗や心配事を経験したことがないという人はいないでしょう。

人生は良い時も悪い時もあり、結局プラスマイナス・ゼロになるだけ、という考え方はありますが、それでもその人により人生の〝平均点〟は違います。その平均点、つまりレベルを上げることが、この世に生きている目標でもあります。

平均点を上げるように日々の努力を惜しまないか、それとも平均点を上げることなど諦めて何もしないで惰性で流されるかも、その人が選ぶ別れ道です。

変えられる未来が大切です。

それにはまず、変えられる事実を知り、方法に着手することです。

過去は過去と割り切り、振り返ることなく、自分でできることで「今ここから」未来をより良く変えていくことを提案いたします。

今、「『殺数』で変わると決める」だけで、宇宙を流れる恒久のパワーを受け取り始めることになります。

姓名判断や手相、四柱推命や九星など、さまざまな占いは今を照らすもの。

これに対して「殺数」排除は、その瞬間から不幸の種となるプログラムバグを消去し、私たちの目の前に起こる現象を〝今ここ〟から未来に向けて変えるものです。すると、未来から現在、過去へと時間が逆流し、エネルギー的に過去も押し上げるのです。この仕組みについては、今はまだ漠然と受け入れてくだされば結構です。

悪い原因を取り除けば、自ずから良くなるという合理的な逆転の発想で、しなくて良い苦労は避けてストレスから解放され、エネルギーと時間とお金を生産的なあなた自身のレベルアップに注げるようになるのです。

世界の成功者は、このような合理的な方法が大好きです。

見た目も変わる「殺数」のすごい効果

「殺数」排除を実践するだけで、あなたに降りかかる大難は小難に、小難は無難にして、あなたを守ります。それは、命を救う場合さえ、あります。

「殺数」の強力な運勢誘導力により、持っていると自分が苦労することになるだけでなく、近くにいる周りの人にまでダメージを与えてしまうことがあります。

「殺数」が「体、心、魂」の三位一体にマイナスに働くことで、精神的にも追い込まれ、恐怖心や不安心から心も暗くなり、それが原因で鬱病や他の病気を引き起こすことにもなります。また、人によっては病気ではなく、事故運や金運の悪さ、対人運、子供運など他のマイナス現象として出るケースもあります。

ですから、「殺数」を祓うことにより、精神面から楽になってください。


「殺数」は、人種も宗教も生まれも育ちも関係なく、願望達成と霊格レベルへの上昇を可能にする繁栄律です。

霊感など超能力といわれる力は、特にお祖母《ばあ》さんが能力者だったなど祖先からの血筋が影響したり、インドの山奥などで辛い修行を積んでやっと体得するものですが、「殺数」は何よりも、普通の方が何のリスクもなく発動できることが画期的です。選ばれし者でなくても、誰でも得られるパワーなのです。

見えない呪縛から解き放たれるため、心豊かになり、人相や手相も好転し、生命エネルギーのリミッターを解除するので、若返り、延命まで可能です。

苦労は、外見に表れます。人相がキツくなったり、手相が荒れたり、オーラも濁りますから、全体的に薄幸そうに見えます。

「殺数」排除を行えば新たなエネルギーが注がれるので、これを実践すると顔から若々しくなってきます。私は60歳を超えましたが、髪の色は染めなくても真っ黒、肌はツルツルで、お会いした方には実年齢より10歳以上若く見られます。声の張りも、違ってきます。

「殺数」は、体の細胞レベルから変えるのです。

「殺数」排除を実践した女性からは、周囲から「最近、いいことあった？」「若々しく、明るくなったね！」「ともかく元氣ね」などとよく言われるようになった、とご報告をいただきます。

「殺数」は、人生の闇をドンドン晴らしていきます。

生きる喜びと希望を蘇らせてください。

一人一人の笑顔が増えることが、世界平和につながります。

体験者の声

ここでは私の相談者の方々から寄せられた声を紹介しましょう。

＊その1・離婚危機を乗り越えられ感謝

（35歳・会社経営）

私たち夫婦は離婚の危機にありました。

私の会社の業績が思わしくなく、収入が激減してしまったことから夫婦の間で喧嘩が多くなり、思い余って妻に手をあげてしまったこともあります。

こうなると離婚になっても仕方ないか、どうしたら良いだろうかと途方に暮れていましたが、このままではダメだと思って知人に紹介されたかのん先生のお話を聞きに行きました。

ただ話を聞いて慰めてくれるようなものとは違い、「殺数」や「天恵数理」による総合鑑定でバシバシ私たちのことを言い当てられ、これほど当たるならと、これからのことも先生の言葉に託しました。

すると、「離婚はするな！」でした。

中には、夫婦の相性も最悪で別れたほうが良いケースもあるそうですが、私たちには未来があるとおっしゃってくれました。〝人〟の漢字のようにお互いを支え合い、仕事も頑張れと「殺数」による運勢誘導の方法を教えていただきました。

それでアドバイス通り、妻に厳しい状況を説明し、会社をたたまず頑張っていると、妻も会社を手伝ってくれるようになり、なんとか窮地を脱することができました。

今は子供も授かり、本当にあの時、一時の感情で早まらないで良かったと思っています。あの時の「これからの世の中、孤独が一番の不幸。惨めになるよ」という先生の一言が、今も心に刺さっており、身を引き締めております。

＊その2・特殊能力に悩まされていた私を救ってくれた

（41歳・スピリチュアル指導者）

私はリーディングや透視など、スピリチュアルの才能を授かり、仕事として依頼者に憑依している邪霊や低級霊、動物霊なども祓っていました。しかし、その仕事を5年くらい続けた頃から、私自身が半身不随のようになって体に力が入らない原因不明の難病に冒されてしまいました。あちこちの病院に行っても原因がわからないので、いろいろな神社や占い師、能力者のところにも行ってみましたが、全然改善することがなく途方に暮れていたところ、知人からかのん先生のことを聞き、何か良くなる予感がして訪れました。

実は神様と交信してリーディングしたところ、「これ以上（仕事を）やったら死ぬぞ。そこへ行って救ってもらえ！」と返ってきたのです。

かのん先生にお会いした瞬間、観音様が見え、この方だと思い、すぐに教えてもらった「殺数」の奥義を実践したところ、不思議にも動かなかった手に力が入るようになったのです。その後も先生の教えを守り続けて、今ではすっかり不自由のない生活を送っています。

あれほどどこに行っても何をやっても解決の糸口さえ見つけられず、お金と時間と労力ばかり使って疲れ果ててしまっていたところに現れた、正に救世主と思いました。

その後も、かのん先生のお話を聞きに伺うのですが、他では聞けない貴重な学びができるので、毎回楽しみにしています。

先生が学びのお話をされると、普段は先生の目の奥に鎮座されている神様が前に出ておられるのが見えます。神様からの御言葉だと思います。だから、心にスッと入って、豊かな気持ちになれるのです。

あちこち迷って、大分、人生のロスをしたのが悔しいです。もっと早く、かのん先生とつながりたかった。私のようにあちこち迷うことなく、真っ直ぐ本物に救われてください。

＊その３・余命半年の父のために行った「殺数」排除

（28歳・ＯＬ）

父が医者から癌で余命半年と宣告されました。私はその頃、父との二人暮らしをしていました。親一人子一人なので私もショックで、しかし何とか一縷《いちる》の望みがあるならと、かのん先生のところに相談に行ったのです。

先生から「殺数」排除の方法を聞いた時は、「それだけでよいのですか?」というほどシンプルだったので、自分でもできると思いました。でも、問題がありました。父は頑固なところがあり、スピリチュアルなど見えない世界のことを信じなかったのです。ですから本人には話せないし、言ってもやらないだろうと先生に正直に申し上げたところ、父本人がやらなくても私がやればその効果は周囲にも及ぶとのこと。それでホッとして、早速、私自身や父に関わる「殺数」排除を実践したところ、父の癌の影が消えていったのです。検診で医者が驚くほどでした。父はいまも元氣に療養しています。

後日、本人も不思議と思ったらしく、私に何をしたのか聞いてきたので本当のことを話したら、父も「そうか」と言って否定しませんでした。

今は、先生の教えを少しずつ実践して、頑固だった心の楔が溶けて明るくなりました。前向きになった父の姿に、私の心も安らぐことができました。

（13歳・中学生）

＊その4・念願かなった受験と合格

私が中学受験をしたいと決意した時、家族からは「お前じゃ無理だ」と言われました。

私には優秀な姉がいて、私も姉と同じ中学に行きたかったのですが、周りからあまりにも無理だとか、中学受験はキツいからやめなさい、と言われたので諦めかけていましたが、親が私を諦めさせようとかのん先生に話したところ、「本人がやる氣なのだからやらせてあげなさい」と逆に味方になってくれて、「殺数」のことを教えてくれました。

願書の提出日なども、すべて数が関係していたので面白いと思いました。

「殺数」を教えられた通りに取り除いたら偏差値が上がってきたのです。その後先生に会ったときに「手相を見せて」と言われて見せたら、「お姉さんと同じ志望校を受けなさい」と言われ、先生が母も説得してくれて受験することになりました。

そうしたら、合格できたのです。

家族も学校の先生も、第一声が「うそっ、本当!?」でしたが、かのん先生だけが、「ほらね、おめでとう!」でした。

*その5・リストラ候補から生き残れた

（59歳・男性）

人生100年時代と言いますが、このままだとただ老いぼれるだけ。年金もさらに受給年齢が65歳以上に引き上げられるかも知れないというニュースもあるし、年金だけではとても生活を支えられそうにありません。

このまま不平不満ばかり、人に当たり散らすような惨めな生き方だけはしたくない。何とかしなければという時に、かのん先生の講話に参加しました。それから仕事の先行きまでご相談して、「殺数」の奥義を教えてもらいました。先生は将来のために数の偉大な奥義を、惜しげもなく教えてくださっています。

また、先生は、人生の年輪が武器になる、価値があるとおっしゃってくださり、これは大きな励みです。

このコロナ禍で大企業でも連日、リストラが行われるというニュースが流れています。インターネットのスキルやプログラムでは、どうあがいても若い人には勝てません。しかし私のような男でも人生経験は重ねてきていますので、少しでも世の中の役に立ちたい、人に奉仕したいという氣持ちを持って過ごすようにしていました。

すると、うちの会社でも年齢の高い管理職からリストラのターゲットになるという話が噂され、生きた心地がしませんでしたが、数の法則のお蔭でしょう。首の皮一枚でつながり、定年まで残れそうです。

「殺数」による運勢誘導法は、いまの時代に生き残りをかけている人たちに、必要不可欠な方法であると実感しています。

＊その6・ダメ男との腐れ縁を切ることができた

（39歳・ＯＬ）

私の男運のなさには、つくづく嫌気がさしました。

恥ずかしながら、幸せな家庭が持てると信じてくだらない最低男に身も心も尽くして、裏切られ、なにもかもボロボロになった時に、友人からかのん先生を紹介されました。

先生からも、「もうきっぱりと、この人とは関わらないようにしなさい」と言われ、それでやっと目が覚め、踏ん切りが付きました。別れる決意をしても、つい関係を続けてきてしまっていたのです。

先生にお会いした瞬間、その優しいオーラとお話しになる声に、不思議と涙が溢れ出てしまいました。

そして、「殺数」と「天恵数理」の鑑定を聞いて、相手との相性が悪いこともわかり、そんな中で私はもがいていたのです。ひどかったはずです。そして、また明るい自分になれるならと、「殺数」排除の方法などをすぐに実行しました。

すると、闇がさーっと晴れ、光が射すのを心から感じました。天恵の意味が、わかりました。

これからも、先生お願いします。

第8章 「殺数」のメソッド

あなたの「殺数」を探す方法

では、いよいよ「殺数」のメソッドをお教えいたします。

「殺数」は世界一簡単な開運方法です。

この本の袋とじページにある「殺数一覧表」で、自分の生まれた年と月を探し、その横に書かれている数字があなたの「殺数」となります。

そして、その「殺数」をあらゆるケースで使わないようにしていただければ良いだけ！

ストイックな修行や禁欲は必要ありません。

面倒なスケジュール管理も、ルーティン（決め事）もいりません。

数がトラブル領域を避け、現象を勝手に引き上げてくれます。


なお、「殺数」は誕生日の数字には直接関係しません。誕生日に「殺数」が入っているからといって、心配する必要はありません。ただし、その数をメールアドレスやパスワードに使用している場合は、取り除くようにしましょう。

①「殺数」を探してみましょう

では、具体的な例をあげて、「殺数」の探し方と対処法を説明していきましょう。

ここでは、１９８０年（昭和55年）５月４日生まれのAさんを例にして見ていきます。

まず、「殺数表」から生年月の１９８０年5月の欄を見てみます。

ここでちょっと注意してほしいのは、「殺数表」の月は、カレンダーのように１日～30日・31日の区切りとは違っています。

１９８０年5月生まれの場合は、5月5日からが「5月」となり、5月1～４日生まれ

例）Aさんの殺数（1980年5月4日 生まれ）

3	8	2	1

あなたの「殺数」（　　年　　月　　日 生まれ）

の人は「4月」に当てはまることになるので、4月の欄にある数字がAさんの「殺数」となります。殺数表をよく確認して、間違わないようにしてください。

そのようにして、Aさんの「殺数」は、4月の欄に書かれている『3・8・2・1』となります。この「殺数」は、左から危険度の高い順に並んでいます。

同様にして、まず自分の「殺数」を明らかにしてください。

あなたの誕生日　　年　　月　　日生まれ

あなたの殺数『　・　・　・　』

②「殺数」を身近なところから取り除く

それぞれの人の「殺数」は、1～9までの数字のうち三つ～五つの数字となります。「殺数」のマイナスパワーを取り除くために、まず、パスワードなどに使用している数字の中に、この三～五つの「殺数」があれば、その数を取り除くようにしましょう。

自分で決められる、または変更可能な数、例えば銀行のキャッシュカードやクレジットカードに使っているパスワード、ネットサービスのパスワードやＩＤなどに、この数字はありませんか？

またＧメールなど、自分でメールアドレスを設定できるものでは、名前やニックネームなどの英文字に、数字を組み合わせていることが多いでしょう。その数字すべてに「殺数」が入っていないようにしてほしいのです。

殺数が入っている数が多くなるほど凶意が増しますので、気になる方は一つ残らず除い

《身近なところの数字をチェック》

あなたの「殺数」

・携帯電話番号

・メールアドレス

・パスワード

・銀行口座番号

・クレジットカード番号

・車・バイクのナンバー

・住所に関する数字

・その他

※パスワードなどは、ここに書き込まないで確認してください。

てください（殺数に当らない数字に置き換える）。

お金に関わることでは、口座の暗証番号、不動産に関しては部屋番号はオーナーになる方の「殺数」に当てはまらないようにしてください。

とはいえ、銀行の口座番号など、自分で決められない数も少なくありません。その場合の対処法は、後で説明します。

③複数の数字は、合計した数もチェック

あなたの運勢好転のためには、**まずパスワードなどに使っている数字に「殺数」が入っていれば、それを避けることが一番**です。そして、さらに効果を上げたい方は、次に挙げる方法で、もう一段レベルアップさせることもできます。

それは、複数の数字を使っていたら、その合計数も「殺数」に当たらないようにするのです。

もし暗証番号などに3桁（何桁でも同じ）の数字を使っているなら、その三つの数（全

部の数）を合計します。その数が2桁になったら、またそれぞれの数字を足して1桁にした数が「殺数」に当たらないようにします。

例えば、パスワードに「803」を使っていたら、例に挙げたAさんの場合、そもそも8と3が「殺数」に当たっています。そして、その数字を全部足して一桁にすると、8＋0＋3＝11、1＋1＝2となり、2もまた「殺数」になるので、「ダブル殺数」を受けていたことになるわけです。

これはもう、すぐに変えたほうが良い、ということになります。

暗証番号などを変える場合は、「殺数」以外の数を選んで組み合わせてみます。

Aさんの場合、「599」を選ぶと、それぞれの数字は「殺数」に当たっていません。さらにこの数を合計して一桁にすると、5＋9＋9＝23、2＋3＝5になり、こちらも殺数を逃れダブルオッケーとなります。

とはいえ、**単独の数の「殺数」と、合計した数でできる「殺数」では、単独の「殺数」のほうが殺が強く出ますから、まずそちらのリアル「殺数」を取り除くようにしてください。**

2桁の数字を見る「中殺数」

また、「殺数」の中には、2桁の数字を見る「中殺数」というものがあります。2桁まで足した数が、以下の「中殺数」になるときは、避けたほうが無難です。

・中殺数……10・12・14・19・20・22・26・28・30・34・36・40・42・43・44・46・49・50・53・54・55・56・59・60・62・64・66・69・70・72・74・76・79・80

（81以上の数字は、80を引いた数で見ます。一の位が0になる数は、すべてダメです）

要するに、自分で変えられるパスワードなどは、まず「殺数」以外の数を使います。次に「殺数」を避けて作ったパスワードの、構成数字を足して、2桁までにした数字が「中殺数」になるのも避けます。

さらに、足して一桁にした数も「殺数」に当たらないようにトリプルチェックをすると万全です。

特に、キャッシュカードや電話番号、暗証番号などは、最後の4つの数が「殺数」では

《複数の数字の合計数もチェック》

複数の数字を使っていたら、その合計数も「殺数」に当たらないかチェックします。

例)パスワードに「5678」を使っている場合
5+6+7+8=26
2+6=8　…この数字が「殺数」にならないか確認

《最後の4つの数で、「中殺数」に当たらないかチェック》

キャッシュカードや電話番号など、何桁もの数字が並ぶものは、最後の4つの数を特にチェックします。

最後の4つの数が「殺数」ではないか。また、その4つの数字を足して、2桁にした数字が「中殺数」に当たらないように。

10・12・14・19・20・22・26・28・30・34・36・40・42・43・44・46・49・50・53・54・55・56・59・60・62・64・66・69・70・72・74・76・79・80
(81以上の数字は、80を引いた数で見ます。一の位が0になる数は、すべてダメです)

なく、４つの合計数を２桁までにした数も「中殺数」に当たらないようにしてください。

「殺数」の使い方のまとめ

①まず「殺数表」（袋とじページ）を見て、自分の誕生日の欄（月替わりの日付に注意）から「殺数」を探し（人により３〜５個ある）、その「殺数」の使用をやめます。

②住所に関しては、郵便番号からマンションやビルの部屋番号まで、そこに含まれている数字をすべて足して、１桁になるまで足して出た数が「殺数」に当たらないようにします。

③キャッシュカードや電話番号、携帯電話番号、暗証番号などは、最後の４つの数を見ます。この４つの数の合計数を２桁までにした数が「中殺数」に当たらないようにします。

さらに、５つ以上の数字はすべての構成数を足して２桁にした数も「中殺数」に当たらなければ、なお良いです。

★殺の凶意は、①の単独の「殺数」が一番強いので、①から順に対応してください。

★「殺数」を暗証番号などから取り除き、別の数字を使ってアレンジする場合は、「殺数」に当たらないニュートラル数を使って作るようにします。

自分で変えられる数は、すぐに行動を起こしてください。行動力も幸せの鍵です。1回変更すれば、後はほったらかしでも数が働いてくれます。

変えられない数字はどうする？

足して1桁がどうしても「殺数」になってしまう場合、例えば住所の表札や何かの会員制ナンバープレートなど公文書以外のもので、数の最後に自分で書き足せる場合は、プラス（＋）1ないしはマイナス（－）1と書いたり、そのようなシールを貼って「殺数」から逃げても良いでしょう。

（2桁の中殺数にも当たらないように、場合によっては＋5やマイナス5とアレンジする場合もあります）

もちろん、これは表札や会員カードなどに限りできること。公の書類などで書き加えたりするのは公文書偽造に当たってしまいます。そこまでする必要はありません。公文書やマイナンバーなど、自分で手を加えることのできない場合は、「ＥＤＥＮ　ＣＯＤＥ（エデン・コード）」による方法で対応することになります（Ｐ１５５参照）。

0は、それ自体が「凶殺数」

0は、ないという意味。元のなかった状態に戻るという意味を持っています。ビジネスにおいては、頑張って一時期栄えても、失敗しだすと次から次へと転がり落ち、最後はゼロに帰すという「凶殺数」です。

単独でも虚無のエネルギーを持ちますが、何桁もある数字でも最後の一の位が0の数、10の倍数にあたる数はすべて「0の凶殺数」となり、経過はどうであれ最後はゼロに帰すという意味になります。

努力しても原点に戻ってしまうというエネルギーが働きます。例えば、

３８６５０

100など、一の位が0になっている数字は特に避けるようにしてください。ただし、**末尾0の数字は、短期間に限った一時使用や重大な案件に関わっていなければ大丈夫です。**

余談ですが、人気のスパイ映画「007」シリーズがありますが、これは一の位が0でないから「殺数」とは見なしません。また、日本では「ゼロゼロセブン」と言いますが、海外では「ダブリュオーセブン」と言うように、「ゼロ」を暗示させることはありません。

ラッキー7はあるか

よくラッキー7だと言って、数字の7ばかり使う人がいます。この場合も、その人にとって7が「殺数」に当たる場合は、7は凶になるので、使用しないようにしましょう。

そもそも7は神様の数なので、「殺数」ではなくとも、あなたの運気を高める数字（後述のEDEN CODE）に当たってない人が頻繁に使うのはあまり好ましいものではありません。

数には適材適所の意味とパワーがある

あなたの身近なところに、あなたを特定するさまざまな数字があるでしょう。その中でも「殺数」が大きな影響を及ぼすのは、いつも肌身離さず持ち歩き、コミュニケーションツールとして自分の意思を伝えるのに使っているスマートフォンに関連する数字でしょう。

今もスマホに銀行口座の情報を入れて持ち歩いたりしていますが、近い将来には、このスマホにマイナンバーを入れたり、運転免許証などの情報も入るかもしれません。自分を証明する機能も高まりますので、「殺数」の負のパワーはなおさら強く影響してきますので、十分配慮する必要があります。

その他、運の種類により、使う場所と道具に関する注意点をまとめました。ご自分の生活に合わせ参考にしてください。

①仕事運は電話番号

個人の仕事運は、その人のスマホの電話番号が大きく関係します。

会社の場合は、代表電話番号や名刺に書かれている電話番号。そして会社の社員番号やロッカー番号などとなります。

会社の住所は、郵便番号から部屋番号まで数字をすべて足して、1桁になるまで繰り返します。その数が、自分の「殺数」に当たらないだけでなく、代表取締役社長または会社オーナーの「殺数」に当たらないことが望ましいです。

②金運はカードの暗証番号

金運は、お金に関係するキャッシュカードやクレジットカード、貸金庫などの暗証番号が影響します。

ネットを利用した副業をやっている方は、そのパスワードもチェックしてください。

お金に関わりますので、特に自分で変えられる暗証番号はすぐに変えましょう。

③病気やけがに関わるナンバー

健康運の中でも、特にけがや事故に関係するのは、車やバイクのナンバー（プレート）です。

また、契約中の駐車場の番号や暗証番号などもチェックします。

もし、これらが「殺数」に当たると、交通事故によるけがやトラブル、保障問題、治療費や入院費の問題まで引き起こす可能性があります。最悪、死亡事故に至るケースもありえます。

開運をするには、健康が第一。健康でなければ、いいエネルギーが生まれません。また、事故から身を守ることは、自分と家族のためにもなりますから、一番留意してほしいところです。

「殺数」排除を徹底している方の中には、乗車するタクシーのナンバーや飛行機のフライトナンバーまで、「殺数」ではないものを選んでいる方もいらっしゃいます。ただ、マイカーや仕事の車、契約車両など、いつも同じナンバーの乗り物に乗っていたり、長距離・長時間の利用でなければ、それほど気にする必要はないでしょう。

「殺数」がかかったものを使用する時間と距離も、「殺数」の威力に関係します。

距離が長ければ長いほど、使用する時間が長いほど、凶の影響は大きくなります。4日間以上持ち続けたり、遠方に（特に海外など）いなければならない場合は、特に注意してください。

ずっと所有するものであれば、その番号はなるべく「殺数」に当たらないように気をつけてください。

④勝負運

株式投資やＦＸ（外国為替証拠金取引）などをしている投資家や証券会社の人は、験《げん》を担ぐことが多いようです。

宝くじを買う人も、どこそこの何番売り場から高額当選がよく出るとか調べていて、その売り場には長蛇の列ができるほどです。「殺数」を知っている人は、「殺数」に当たる売り場を避けて購入し当たったという話もあります。

一方、受験生やその家族は、入試の受験番号を気にしたりしますが、受験番号は自分で引いてきたものなので仕方ありませんし、一時のものなのであまり気にする必要はありません。

ともかく日頃から「殺数」は消去するに越したことはなく、自分で選べる座席やロッカー番号、暗証番号なども、「殺数」を避けるようにしましょう。

運が良い時は、吉の引きも良いものです。

⑤恋愛・結婚運には意識して数を使う

恋愛・結婚運を高めるには、常日頃から、偶然に座るような座席番号や暗証番号などから「殺数」を除くことを心がけてください。

意中の人へ連絡する時も、「殺数」が入る時間は避けましょう。

また、出会った日にちや入籍の日取りが二人の関係にとても影響してきます。

恋愛を成就したいのなら、「殺数」の日や時間は避けることです。例えば自分の「殺数」（一番強い凶殺数）が6の場合は、日にちは6日、時間では6時、分では6分を避けるなど、ともかく「殺数」を使わないようにします。

結婚運・家庭運を高めるには、入籍や結婚式の日どりなどが、特に重要です。

役所への結婚届けを提出する日（入籍の日）と結婚式を比べるなら、たった紙一枚の違いですが、入籍日のほうが大切です。

二人の「殺数」を避けて日取りを決められたら申し分ありませんが、そうでない場合はその家の家長となる旦那様に合わせてください。

事始めの数が悪いと、離婚の危険性が高くなります。

面白いもので、ちょっとしたこのような行動でも、意識して行うと自分の気持ちが数による運勢好転のパワーへと伝わります。

気持ちも数がコントロールする波動ですし、その波動が現象を変えるからです。

あとは数字の力も借りて、ますます良くなると自分に自信を持つことです。恋愛から結婚へと話が結実しやすくなりますし、あなたが既婚者なら、パートナーの立場に立って思いやる気持ちが芽生え、笑顔が大切なことに気づくでしょう。笑顔が増えて、いつまでも新鮮さを持ち続ける明るいカップルになります。

停滞ぎみの相性をプラスに変えよう

結婚相手が信じられないということは、とても悲しいことです。また、結婚生活が経済的に厳しいということも辛いですね。

そのような恋愛結婚運でも、数が相性を作ります。相性の良いカップルは相生《そうしょう》、相性の悪いカップルは相剋《そうこく》と言って文字通り、相手の運を剋して（負かして）しまうのです。

そうなると、一緒に一つ屋根の下にいるだけで苦痛になります。

お互いの「殺数」を家庭の中で使っていないかチェックしてみてください。

どちらが悪いというのではなく、数の導きの現象で、ちょうど磁石のS極同士、N極同士が反発しあうような感じです。無理やり押しつけようとしても、「殺数」を知らずに使っていると、相手を攻撃するキツい行動が強くなってしまうのです。

家の中に強い男役（プラス電極）が二人いたら、やはり反発し合ってしまいます。

反対に相生であれば、互いに無いものを補い運を支え合うので、頑張った分だけ確かに豊かになっていき、中には思いがけない大金や出世を手に入れる場合もあります。

家庭は、毎日の人生そのものです。

それだけに、「殺数」を知らずにいることは、お互いの人生を踏みにじることにもなり、お互いに不幸です。他人と比べる必要はなくとも、幸せに大差がついてしまうのです。

方角と殺数

車を購入したり、不動産を購入する時は、購入時期（日時）とディーラーの方角（自宅からの）もチェックしてください。方角も、「殺数」の一種に当たります（詳しい鑑定についてはお問い合わせください）。


中でも、病気などで長期間入院したりする場合は、病院の位置（家からの方角）がとても重要になります。これも「殺数」の一種になります。

入院する病院の位置が「殺数」の方角に当たっていると、医師が判断を間違えたり、手術・医療ミスなどのトラブルが降りかかる恐れがあります。病状がさらに悪化したり、退院できない状況にならないよう、運気の面からも対処するといいでしょう。

実は私の母が入院したのは、私が『奥義書』をなくしている時でした。そのため、その病院が「殺数」の方角に当たっていることがわかりませんでした。よく知られた大病院でしたから、そこが最善であると固く信じていたのですが、母は病状がみるみる悪化し、帰らぬ人となってしまいました。

その時には手は尽くしていると思っていましたが、後で病院が「殺数」の場所であることがわかり、悔やんでも悔やみきれませんでした。

私の相談者の状況をみても、恐ろしいほどはっきりとこの現象は出ています。決して侮《あなど》らないようにしてください。

転勤・引っ越しは要注意

4日以上の旅行でさえ、方角による「殺数」の作用が働きます（※本書では方角の「殺数」は扱いません）。日数が多いほど、また移動する距離が遠い海外の場合はなおさら悪影響が強く出ますので、転勤や引っ越しでは注意が必要です。

本人だけでなく家族も、その引っ越しが「殺数」に当たってしまうと病気やけがなど、生活に異変が生じてしまうことがあります。

家族で転勤・引っ越しをする場合は、その日が家族全員の「殺数」に当たらない可能性は極めて低いので、注意が必要です。

こちらもご相談者の状況（本人だけでなく他の家族も）や時期により対処法は変わってきますので、ご相談ください。

生まれつきのくじ運もあるが…

生まれつき、くじ運が強い方がいらっしゃいます。この違いは、しょうがないことです。くじ運のない人はいくら頑張っても大枚を叩《はた》いても、胴元にお金を渡すばかりで損をする可能性が高いので、夢中になるのは考えものです。

くじ運のある人は、日常のジャンケンにも強かったり、欲しいものが偶然良い条件で手に入ったりしますので、今までの自分の傾向を振り返って自分はどちらに当たるか見てください。

またこれは面白い現象なのですが、携帯電話（スマホ）を購入する時、電話番号はいくつか提示されるものの、自分の希望の電話番号が必ず取れるというわけではありません。しかし、運の強い人は先方からあてがわれた番号（数字）でも、「殺数」にかからない良い数字を手にするケースが多いのです。

ただし、そのような運の強いラッキーな人でも、マイナンバーや健康保険の番号など、どこかに「殺数」はあるものです。人間社会において100％の完璧はありません。ですから、ちょっとしたくじ運に甘えたり驕《おご》ることなく、悪い不幸を呼ぶ原因となる「殺数」は、一つでも元から断つようにしましょう。より強い運気を手にすることになります。

見えない波動や邪霊の悪戯で「殺数」を引いてしまうということもあります。ですから、「殺数」を排除し、強い運によるバリアを身にまとい、低い存在や邪念波動を寄せつけないようにすべきなのです。

鬼との闘いの『鬼滅の刃』や、人間の負の感情から生まれる化け物と呪術で闘う『呪術廻戦』といったアニメが若い人たちに大流行していますが、これは邪悪たる存在や目に見えない領域のことを、もう既に直感で受け止めているのかもしれません。

嫌な予感も大切にしよう

街角などで自分の「殺数」をよく見かける時は、波動が下がっていたり、エネルギーが低下していることが考えられます。見た場所を避けたり、その方角に行かないようにします。

飛行機や新幹線の座席番号なども、自分で座席を指定できる場合は、「殺数」を避けるようにしましょう。

低い波長のままエネルギーも下がると、悪霊や低級な動物霊にも憑依されて、さらに災いを受けやすくなります。

人によっては霊を見たり、体に不調が現れたり、事故にあったりと、良いことはありません。そこまでにならないように、まず「殺数」を排除して波動を上げ、エネルギーを高く強くしてください。

宇宙の波動を感じ「殺数」排除の効果を上げる

運がない、願いが叶わないと嘆いてばかりの人は、そもそも考え方の方向性が間違っています。頑固や偏屈で殻に閉じこもっていたり、努力をしていないのにお金を手に入れたいなどと、いわゆる甘い発想をしています。

これからの時代は、地球が次元上昇してレベルが上がりますから、人のためになることを我先にするような、愛ある心温かい人でないと淘汰されてしまいます。宇宙は大いなる愛のエネルギーでできているので、愛のない人はマッチングできず、宇宙からの力も受け取れないのです。

それは、ガイア（地球）の意志でもあるのです。

しかも、新型コロナの流行が起爆剤となり、変革へと向かうスピードが速くなりました。

みなさんお気づきの通り、もう待ったなしです。

まずは宇宙の法則の潮流に乗り、良いことは率先してやることです。

それには古い価値観や思い込みにズルズル引きずられるのはやめて、新しい時代にスピーディにシフトする勇氣を持つこと。それが、地球からのパラダイムシフト（進化）でもあり、「生きる」ことの上手い下手の線引きになります。

運気が良い時は、新たなスタートを切れる時期でもあります。

いつも不平不満ばかりを口にしたり、他人のネットにひどい書き込みをして攻撃したりしてしまう人が、どうして幸福になれるでしょう。

これは宇宙の法則から外れているだけでなく、宇宙の繁栄と調和の波動を著しく損なう存在だからです。仕事や地位、経済力とは無関係で、天（宇宙）は絶えずよく見ています。そして不幸のお灸を据えられます。

「殺数」を排除するようにしても、なかなか変わらないとイライラするような方は、一旦自分の状況を客観的に見つめ直してみてください。

宇宙の法則の力を、自分で断ち切ってしまわないように……。

『感謝と反省』

これが、キーワードです。

不思議なことに、最初は小さな幸福でも、それに気づいて「ありがとう」と口に出して感謝すると、その先どんどん幸せなことが起こり、大きなラッキーも起こるようになります。

このような話を聞いて、素直に納得できなかったり、馬鹿にする人ほど心の闇のレベルは深いので、不幸を自分でまといやすくなります。どこかやましい心がある人が、すれ違う警察官を避けるのと同じです。自分に甘い心の荒んだ人を、いつまでも天は大目に見てくれません。

『天は、自ら助くるものを助く』と言います。

天は、他人の助力を頼ることなしに、自分自身で努力する者にだけ、力を貸すという意味ですが、まさにその通り。まずは自分で「殺数」を取り除いてから、「良くなると決めて」求めてください。

なにか願いごとをする時は、白い紙に、それが既に実現していると仮想して書くと、効果はさらに早く現れます。例えば、「自分にあった仕事に就きたい」という願いがあったとしても、「私は自分の○○の能力を活かせる○○の仕事を始めます。ありがとうございいます」という具合です。

宇宙はいさぎよさとスピーディが好きなので、後悔したり文句を言ったり、そもそも口だけで行動しないのは論外です。「もうすぐ叶う」と宇宙にオーダーしたら、あとは信じることです。この信じることを難しく考えてしまうと、疑いを生じ、疑いは失望をもたらします。ここが分かれ目です。

数が宇宙を動かし、どんどん幸せになっていると感動するのが秘訣《ひけつ》です。

「今ここ」に集中し、気分よく幸せだと感じられると、数がさらに高いレベルの宇宙に同調させてくれます。あとはワクワク待つだけ。「殺数」排除の運命転換法を使うほど、人相、手相が良くなり運が上がっていきます。

数で宇宙を感じることができるのです。

まずはそこから、幸福への糸口となります。

どうしても変えられない数字への対処法

マイナンバーや健康保険証などの公的な番号で、「殺数」が入っていて、どうしても変えられない場合は、どうすればいいのでしょう。

これからの世の中は、マイナンバーなどの数字が自分を証明するものとなり、その数字で管理されることが多くなるので、それに「殺数」が多かったら、とんでもなく困ることになります。もちろん、その数字を自分で勝手に変えることはできません。

前述した「プラス1」などの数字を書き足す（シールを貼る）方法で難を逃れるのも一つの方法ですが、もっと積極的にＥＤＥＮ　ＣＯＤＥを使う方法があります。

ＥＤＥＮ　ＣＯＤＥと言って、「殺数」とは反対の、あなたに吉の強いパワーをもたらす数字を日常生活で多用するのです。

つまり、大吉数の総量で「殺数」の厄を抑えつけるのです。

スポーツ選手のゼッケンのように自分では変えられない数には、ユニフォームの見えない内側にＥＤＥＮ　ＣＯＤＥを書いたり、道具に書いたり、キーホルダーやシール、刺繍《しゅう》でもいいので、身の周りの目に触れるところに吉数となるＥＤＥＮ　ＣＯＤＥをたくさん置くようにします。

スマホの待受け画面も、忘れずに。目に触れるところにたくさん置くのがポイントです。

「殺数」の凶を受けないように「＋1」とか「マイナス1」などと書いたりシールを貼るのも一つの方法ですが、ＥＤＥＮ　ＣＯＤＥを多用するほうが、より奇跡や素晴らしい幸せな現象を呼び寄せてくれます。

このＥＤＥＮ　ＣＯＤＥはそれぞれの人によって違いますから、あなた専属の開運指南となります。まさに頂点の強運（ｖｏｒｔｅｘ）ボルテックスが、ＥＤＥＮ　ＣＯＤＥになります。体に宇宙のエネルギーが注ぎ込むのを感じるでしょう。内なる魂から輝き、人相、手相も良くなります。死後もＥＤＥＮの境地に導いてくれるでしょう。門外不出にされた「数の奥義」、使わない手はありません。

EDEN CODEとは

ＥＤＥＮ　ＣＯＤＥは、天が人間に与えた最大のボーナスです。

その天が与えた助け船に乗るか乗らないかは、あなた次第です。

これから、世界のさまざまな経典が同じように警鐘を鳴らしている〝艱難辛苦の世の中〟に突入しますが、そこを生き抜く救世の方法といえます。

あなたが発動するＥＤＥＮ　ＣＯＤＥという幸福の数で、天恵の力をいただける領域につながることができるのです。

「殺数」が、あなたを苦しめるトラブルや魑魅魍魎とした邪霊邪念の領域につながるチャンネルコードだとすると、ＥＤＥＮ　ＣＯＤＥはその真逆、あなたを守りサポートする光の道につなげるチャンネルコードとなります。

『「殺数」で厄を避けてリスクヘッジして、
ＥＤＥＮ　ＣＯＤＥで積極的に強運改造するのです』

奇跡も、起きます！

そうしなければならないほど、これからの世界は生き残りをかけて大変な時代になります。大難は小難に、小難は無難になることが、いかに命を救うか、生活を助けるか、精神的に癒されるか、その差は大きいです。

ただしこのＥＤＥＮ　ＣＯＤＥは、強いパワーの発動力を持っているため、個人に光のバイパスを固定しなければなりません。そのためＥＤＥＮ　ＣＯＤＥを割り出すためには生年、生月のほかに誕生日や、あなたの名前（画数）も必要となります。個別に鑑定しなければ出せませんので、残念ながら本書では簡単な紹介にとどめます。次著の機会があれば、より詳しくご紹介したいと思います。

（ご相談の方はホームページ〈https://fukutomikanon.com〉にアクセスしてください）

★人間が100％完璧な存在ではないのと同様に、自分では決められない数も存在します。ですから、自分の使う数から「殺数」を100％締め出すのは、ほぼ不可能です。しかし、最善最高を求めてすぐに行動することによって、結果に差がついてくることは確かです。志と行動あるのみ、地球は「行動の星」だからです。

★その人の今のレベルによっても、「殺数」の影響には個人差があります。

大難を抱えている人は、病気や鬱など悪いことが重ならないように、さらに被害と苦痛がひどくならないように、殺数を除くことで、「大難は小難に　小難は無難に、刻々《こっこく》と良くなっている」と自覚してください。

数の威力を、うまく使いこなしてください。笑顔がバロメーターです。

Q&A

【Q1】公的機関などから指定され自分で変えられない数字を、足していき一桁にした数が殺数になった場合、＋1や－1など記号付きの表記を加えて殺数を避けるとありましたが（鉛筆書きも可）、数字のシールを貼ってもいいのですか？

【A1】シールでも大丈夫です。プラスの数字の場合は数字だけ書いてもいいです。マイナスの場合は、マイナスの記号も入れたシールを貼ってください。マイナス記号がないとプラスにカウントされ、違ってきます。

【Q2】末尾の0の数は避けたほうがよいとのことですが、販売金額なども末尾の数字を0にしないほうがよいのですか？

【A2】商品の金額の場合は、その価格表示の数を全部足して一桁までにした数が自分の殺数に当たらなければよろしいです。

【Q3】不動産に関して部屋番号はオーナーになる方の殺数にならないように（132ページ）とありますが、オーナーとは具体的に誰をさすのでしょうか？

【A3】この場合、賃貸契約者となります。

第9章 「殺数」パワーを倍増させるコツ

数の威力を倍増させるコツ

ここで、数の威力を何倍にも強くするコツをお教えしましょう。
数は宇宙のパワーをコントロールすることから、宇宙の意志に合致した人が上手に使いこなせます。

宇宙の意志とは、愛。
愛とは、明るく温かい光の波動。
ですから、心が冷たい状態で自我欲のために使っても、エネルギーは萎縮してしまいます。また、意地悪な人、嫉妬や妬みの心をもった人、犯罪を犯しても平気な人、人を苦しめたり陥れる人、怒ってばかりの人も、おわかりの通りです。

反対に、精神的に弱い心配性の人や鬱《うつ》ぎみの人は、自分を少しでもリラックスさせるようにしてから、まず気持ちを前向きに持っていってください。少しずつ、段階的に向上していきます。

正解はやはり、優しい清らかな心を持つ人、人のために貢献することに幸せを感じられる愛ある人、育てる心、恕《ゆる》す寛大な心を持つ人は、宇宙が応援してくださいます。

ごまかしても、お見通しです。

また、これが一番の要《かなめ》ですが、少しでも良いことが起こったら、「ありがとう」の感謝の気持ちを持てる人です。「ありがとう」は、幸せの言霊コードですから、小声でも口に大いに出してください。

感謝されれば、次も何かにつけ助けてあげようという気になりますよね、宇宙の源も同じなのです。

ここで、この本にご縁をいただきました感謝と御礼の気持ちから、「殺数」排除による運命転換を始動させる際に、「天恵数理」のマジックをさらに後押しする『魔法の呪文』をお教えしましょう。

「私は光。
ドンドン良くなる。
益々良くなる。
幸せです。
ありがとうございます！」

さあ、自分の命、輝かせてください。

「殺数」の強みのまとめ

なんと言っても、これから先の新時代は「数」が世界を握ります。

なぜなら、マイナンバーを始めとして、人が数で登録管理されるからです。デジタル社会の中で、自分のアバター（分身）が「殺数」だと、いくら頑張っても報われません。賢者は数の威力を見抜きます。

「殺数」を避けるだけで、人生が変わっていきます。

世界一簡単で、人を選びません。

人種、性別、宗教、年齢、生まれや育ち、辛い修行経験に関係なく、すべての人に通用します。

占いは今を照らすものですが、

「殺数」は、人が一番欲しいこれからの解決策に導きます。

いつでも、今からすぐにでも始められます。
願いごとの数に制限はありません。
悪い副作用がないのが、天恵数理の素晴らしさ。
「触らぬ神に祟りなし」と言うように、人により合わない神もいらっしゃいます。
そもそも「神には願わず、ただ祈るのみ」、依存体質の現世利益目的とは違います。
「殺数」は平等、皆に効きます。

病気やけがなどの災難を避け、
元氣に若返り、健康に延命にも導きます。
お金の心配、トラブルを軽減させる道がつきます。
婚活から健康まで、すべてのカテゴリーで応用できます。

皆様が良い数を知っても、悪い数を知らないためにラッキーが実現しないのです。
願望実現の鍵を握るのは、「殺数」です。

物質社会から精神社会へのパスポート。

精神的に安寧のほっとする落ち着きを取り戻します。


心と体が歓び、自分を大切にできます。

笑顔に！


ともかく、恐怖が諸悪の根源。

恐怖を取り除かなければ、今後さらに辛い局面に陥ります。

映画『スター・ウォーズ』でも、主人公アナキンを恐怖が暗黒面に引き摺り込み、アナキンはダークサイドに落ちてダース・ベイダーとなってしまいました。

恐怖がネガティブなイマジネーションとなり、不幸を現実化させてしまいます。


そのような人の数が多いほど、地震など国家規模の災厄にもなり得ます。

少しでも多く、恐怖を取り除いてください。

これから新時代に移行する端境期《はざかい》の、破壊と再生の嵐がやってきます。
大きな時代のうねりに、飲み込まれないように、
「殺数」を知り、あなたとあなたの大切な人を御守りください。

あとがき

思えば、私の今までの人生は、不思議なことに導かれたものでした。

それも、すべてこの本を皆様の手元に届けるための布石だったように感じます。

この数の奥義も、かつての暗く自暴自棄のような毎日を暮らしていた私だからこそ、暗闇に光の助けがさした如く、「迷うことなく救われる方法はある」ことを皆様にお伝えしたいのです。

辛い思いから一人でも多くの方に笑顔になっていただきたい一心で、本書による「殺数」の一般公開に踏み切りました。これからの日本の暗い未来予想ばかり目につく今だからこそ、お役に立てるとの強い思いもあります。


一年前には、外出する時は必ずマスクをして、帰宅したら手洗いとうがい、学校の授業はオンライン、仕事はオフィスに行かずにテレワーク、お店に入る前には消毒液と検温といった暮らしを、誰が想像できたでしょうか?

想定外のことが起こり、これからも世の中は凄い速度で変わっていきます。今まで人類が味わったことのない領域へと入るのです。

だから、
今だからこそ、わかっていただける！

この本を書いている間も、何か見えない存在から力を与えていただいているような興奮状態で、文章が後から後から降って出てきました。

物質世界から精神社会へ、
いやがおうにも世界は流転していきます。

今こそ、目に見える世界は目に見えない世界がコントロールしていることに気づくべきです。

直感で得た人から、良くなります。
その次元上昇のゲートへの明確な羅針盤が、「数」です。

地球のアセンション、次元上昇という言葉を聞いたことのある人も多いでしょう。

今は、その二極化の重要局面にいます。地球の意志で決めたアセンションにより、三次元から一挙に五次元に次元上昇できる人か、または重い体をまとった三次元に取り残され、争いと苦しみのレベルに封印されたままの人になるのか。

高次元の存在からも盛んにメッセージが届いています。もう「時間がない」と。

今、数の真理を知り、それを活かして、積極的に上昇気流に乗るか――、決めるのは、あなたです。


トラブルや不幸を巻き起こす「殺数」は、あなたの宇宙プログラムのバグです。

ですから、不幸のバグを取り除けば、一挙に世界が変わります。

人間は100%完璧な存在ではありません。100%完璧な存在なら、神になってしまいます。その欠けの部分を、自らの意思でより良く改善して成長するプロセスが、人生の目的であり醍醐味《だいごみ》でもあります。

人生プログラムのバグである「殺数」をなくすことにより、今回生まれてきた目的を達成し100％近くにすることは、奇跡を呼び起こすこと。

人間がこの世に生まれてきた目的こそ、人は神の分け御魂であることに気づき、魂の成長をすることなのです。

そのために、わざわざ魂に重たい肉体をまとって食べさせていかなければならない大変な三次元の地球に生まれて、経験を通して宇宙の真理を学ぶという使命を帯びています。

私たちは幾度とない生まれ変わりを経て、最後は天上界の源に戻ります。

その宇宙の真理に、数が関わっています。

日本は、世界幸福度ランキングは56位と中流国並み（国連の世界幸福度ランキング2021年より）。どうしてまじめで勤勉で、慈悲深く優しい日本人が、こんなに不幸を感じるようになってしまったのでしょうか!?

たった一度の人生、辛い時間をわざわざ味わうことはありません。

しなくて良い苦労など、積極的に避けましょう。

そして宇宙の恵みである、楽しみ、愛し、歓びを受け取りましょう。

どうかこの宇宙のプログラムの数の極意を知って諦めずに、最善最高の人生に自分をリメイクしていってください。


数は、正直です。

だからこそ、数の天恵パワーを戦略的に活用しましょう。

今この時から、「『殺数』で最善最高の自分になると決める」アプローチをスタートしてください。きっと、あなたの心も体も魂も喜んでくれるはずです。


〜〜〜〜〜〜〜〜〜〜〜〜〜〜〜〜


「天恵数理」は、運命の現象をコントロールするだけではなく、あなたの年齢ごとの運勢の生命エネルギー数値までお出しすることができます。

数値の高い時が運勢が隆盛で、結婚、会社設立など事始めに良く、その後も繁栄の波に乗れる時期がわかります。タイミングを逃さず計画遂行できます。

また、エネルギー値が低い時の対処方法と、運勢の上げ方も伝授いたします。
エネルギー値は仕事だけではなく、健康に大いに影響しますので、病気や事故の障《さわ》りに関しても事前に把握して、是非リスクヘッジしていただきたく思います。

健康が、まずは第一。
健康なら、何でもできます。

なお、「天恵数理」での詳しい運命鑑定を知りたい方、「天恵数理」の習得に興味をもたれた方は、遠慮なく筆者までご連絡くださいますようお願い致します。

さあ、ワクワクしながら袋とじの「殺数」で、賢者の幸せの生き方を手に入れてください！

２０２１年４月

福富かのん

福富かのん（ふくとみ・かのん）

「天恵数理」の CODE Master（コードマスター）。

総合易学と宇宙繁栄律の「天恵数理」の奥義を伝える唯一の承継者。

1958年東京都生まれ。20代で、戦後日本の高度成長の立役者となった政財界の逸材を陰で支えた総合易学、「天恵数理」の師匠との運命的出会いから奥義を習得するも、師匠に逆らい修行から逃亡。「20年間苦悩が続く」という予言通り厳しい人生を味わう。猛反省し、改めて「天恵数理」を学び直して実践。その結果、信じられないほど運勢が好転し、清朝最後の皇帝・溥儀の師より書と篆刻の奥義を受け継いだ皇室献上作家・河野斗南と出会い、書と印相哲学（印の丸の中に生命の宇宙があるとする）、裏易（現象化を握る）を学ぶ。

その後、書道家としては『美術年鑑』に名を連ねるようになり、2007年には国際的書道芸術家としてローマ教皇の謁見を賜る。また、ドバイの王族ほか国交親善展覧会でも多数奨励を受け国賓待遇を賜るなど、日本文化と日本の精神性を伝えるための活動を展開した。

今までの当たり前が通用しない時代の転換期に入り、かつての自分のように生き方が下手で、宇宙の繁栄律に逆らって苦しんでいる人を助けたいという思いから、数の秘義の公開を決断。現在は、次世代の逸材を育てながら、政財・企業家の鑑定、一般社会人や子供向けの啓蒙活動を行っている。数とエネルギーの講習会、ワークショップ実践会も主催。YouTube チャンネルほか、会員コミュニティも複数運営する。

公式サイト　https://fukutomikanon.com

◆題字・カバー絵の作者について
住吉香南（すみよし・かなん）
書とアート、マンガ、デザインを融合させた作品を創りだす作家。
1993年生まれ。9歳より書の世界に入り、11歳で皇帝のみに許された伝統文字を含む全書体正統奥義を継承、師より百年に一人の逸材と言わしめる。その後、伝統と現代文化を融合した作品を世界各国で発表し、ジャンルを超えた新世代アーティストとして活躍。2021年には27歳最年少で上野の森美術館ギャラリーで国内初個展を開催。古美術やアニメフィギュアとのコラボという新しい試みを披露。個展後には、神田明神へ作品奉納される。

殺数《さつすう》
天とのつながりを解き明かした運命を変える数字

第１刷　2021年４月30日
第２刷　2023年３月10日

著　者　福富かのん
発行者　小宮英行
発行所　株式会社徳間書店
〒141-8202　東京都品川区上大崎3-1-1
目黒セントラルスクエア
電話　編集(03)5403-4344／販売(049)293-5521
振替　00140-0-44392
印刷・製本　株式会社広済堂ネクスト

ISBN978-4-19-865281-4